Plénitude
Corps, Âme et Esprit

Un Guide Pratique
pour
un Bien-être Durable

Sarik

" *La véritable plénitude réside dans l'alignement du corps, de l'âme et de l'esprit, un chemin vers l'harmonie intérieure et le bien-être durable.* "

Votre guide vers l'équilibre

Ce livre a été conçu pour vous offrir un guide complet et pratique afin d'améliorer votre bien-être dans toutes ses dimensions :
"physique, spirituelle et mentale."

L'objectif est de vous fournir des outils concrets et des stratégies éprouvées pour que vous puissiez prendre en main votre développement personnel, optimiser votre santé physique et explorer des approches holistiques pour un bien-être global.

En matière de développement personnel, vous découvrirez des outils pratiques pour transformer votre manière de penser, mieux gérer votre temps, cultiver des habitudes positives et développer une mentalité propice à la réussite.

Que ce soit à travers des techniques de pleine conscience, la gestion des émotions ou la mise en place de routines efficaces, ce livre vous accompagne pas à pas pour que vous puissiez atteindre vos objectifs et vivre de façon plus alignée avec vos aspirations.

Sur le plan de la santé physique, nous vous proposons des conseils concrets et facilement applicables pour améliorer votre condition physique.

De la nutrition équilibr programmes d'exercices adaptés à votre quotidier ant par des astuces pour mieux dormir et réduire vous disposerez de tout ce qu'il vous faut pour e un état de bien-être optimal et durable.

Enfin, nous vous introduirons à des méthodes holistiques qui permettent de considérer la personne dans sa globalité, en harmonie avec son environnement.
Ces approches naturelles, inspirées de l'Ayurvéda, des plantes médicinales et des pratiques énergétiques, vous aideront à reconnecter le corps et l'esprit, pour un équilibre complet entre santé physique et spirituelle.

Ce livre est plus qu'un simple guide de bien-être :
c'est un outil que vous pouvez utiliser pour transformer durablement votre vie en vous reconnectant à vous-même et à ce qui vous entoure.

Audience idéale

Ce livre s'adresse à toute personne souhaitant améliorer sa qualité de vie en adoptant une approche holistique du bien-être.
Que vous soyez déjà familier avec le développement personnel ou que vous débutiez dans cette démarche, vous trouverez dans ces pages des conseils pratiques et adaptés à votre niveau.

Il est particulièrement utile pour :

- *Les personnes en quête d'un meilleur équilibre de vie :*

  Si vous ressentez que votre vie est déséquilibrée entre le travail, la famille, et le temps pour vous même, ce livre vous offrira des outils pour reprendre le contrôle et retrouver une harmonie entre vos obligations et votre bien-être.

- *Les personnes en période de transition :*

  Si vous traversez une période de changement, comme un nouvel emploi, un déménagement, ou une étape importante de votre vie personnelle, vous découvrirez des méthodes pour aborder ces transitions avec sérénité, en prenant soin de vous sur le plan physique, mental, et émotionnel.

- *Les passionnés de bien-être et de santé naturelle :*

  Si vous êtes intéressé par la santé holistique et les approches naturelles, telles que l'Ayurvéda, les plantes médicinales, ou la méditation, ce livre vous introduira à des pratiques accessibles et efficaces pour améliorer votre bien-être quotidien.

- *Les personnes stressées ou épuisées :*

  Si vous êtes souvent submergé par le stress ou l'épuisement, ce livre vous propose des solutions concrètes pour réduire le stress, améliorer votre santé physique et mentale, et cultiver un esprit plus calme et positif.

En somme, ce livre est destiné à toute personne désireuse de prendre en main son développement personnel, sa santé physique, et d'adopter des pratiques holistiques pour atteindre un bien-être global et durable.

Introduction

Pourquoi prendre soin de son bien-être global ?

Dans notre société moderne, où les exigences du quotidien peuvent rapidement nous submerger, il est plus important que jamais de veiller à son bien-être.
Bien souvent, nous avons tendance à nous concentrer sur une seule dimension de notre santé, négligeant ainsi les autres aspects essentiels qui forment notre équilibre global.

Pourtant, le véritable bien-être repose sur l'harmonie entre le *physique*, le *spirituel* et le *mental*.
Chacune de ces dimensions est interconnectée et contribue à notre épanouissement personnel et à notre capacité à mener une vie pleinement satisfaisante.

Le bien-être *physique*, est la fondation sur laquelle repose notre énergie vitale.
Une bonne alimentation, une activité physique régulière et un sommeil réparateur sont essentiels pour maintenir notre corps en forme et capable de faire face aux exigences de la vie moderne.
Un corps en bonne santé soutient un esprit fort et résilient.

Le bien-être *spirituel* représente la connexion à quelque chose de plus grand que soi, que ce soit à travers la méditation, la pratique de la gratitude, ou l'harmonie avec la nature.

Il s'agit de nourrir notre âme et de donner un sens profond à notre existence.

Sur le plan *mental*, prendre soin de sa santé signifie apprendre à gérer le stress, cultiver une attitude positive et développer une meilleure conscience de soi.
Lorsque notre esprit est serein, nous pouvons aborder les défis avec clarté et confiance, ce qui améliore notre productivité et notre bonheur au quotidien.

C'est en alignant ces trois dimensions que nous atteignons un équilibre global, nous permettant de vivre de manière plus épanouie et authentique.
Ce livre a pour objectif de vous guider à travers ces différentes facettes du bien-être.
Que vous cherchiez à améliorer votre santé *physique*, *spirituelle* ou *mentale*, vous y trouverez des outils concrets et des stratégies pratiques pour cultiver un mode de vie plus équilibré et plus sain.

Partie 1 :
Développement Personnel et Bien-être

Chapitre 1 :
Mindset et Attitude Positive

L'importance de la mentalité dans la réussite personnelle et le bien-être.

Notre état d'esprit, ou mindset, joue un rôle fondamental dans notre capacité à réussir et à trouver un véritable épanouissement personnel.

La manière dont nous pensons, percevons les situations, et abordons les défis influence directement nos actions, notre persévérance et, en fin de compte, notre succès.

Une personne dotée d'une mentalité positive et de croissance est plus résiliente, plus créative, et mieux équipée pour surmonter les obstacles, tandis qu'une mentalité défaitiste peut rapidement conduire à l'échec ou à la stagnation.

Les recherches montrent que ceux qui cultivent une mentalité de croissance "la conviction que l'on peut évoluer, apprendre et s'améliorer grâce à l'effort" sont non seulement plus susceptibles de réussir, mais aussi de mener une vie plus épanouie.

Ils considèrent les échecs non pas comme des échecs définitifs, mais comme des opportunités d'apprentissage.

Sur le plan du bien-être, notre mentalité a un impact direct sur notre santé mentale et physique.

Un état d'esprit positif peut réduire le stress, améliorer la qualité du sommeil, augmenter l'énergie et favoriser une meilleure santé globale.

En revanche, une mentalité négative ou pessimiste peut entraîner de l'anxiété, de la dépression, et même des effets physiques comme la fatigue ou un système immunitaire affaibli.

Cultiver une mentalité positive ne se fait pas du jour au lendemain, mais c'est un processus progressif qui peut être intégré à votre quotidien.

Voici quelques techniques puissantes pour y parvenir :
" la visualisation, les affirmations positives et la gratitude "

1. La Visualisation

La visualisation est une technique mentale puissante utilisée par des personnes à succès dans divers domaines, qu'il s'agisse de sportifs de haut niveau, d'entrepreneurs ou de créateurs.

Elle consiste à s'imaginer en train de réussir ou d'atteindre un objectif précis avant que cela ne se produise.

En visualisant un résultat positif, vous conditionnez votre cerveau à croire que vous pouvez effectivement accomplir cette chose, ce qui renforce la confiance en soi et la motivation.

Comment pratiquer la visualisation ?

➤ Prenez un moment chaque jour, de préférence le matin ou avant de vous endormir, pour visualiser clairement vos objectifs.
Imaginez-vous en train de les atteindre.

➤ Essayez de ressentir les émotions que vous éprouveriez en réussissant : *la fierté, la satisfaction, la joie.*

➤ Soyez précis : imaginez des détails concrets, que ce soit une scène où vous réalisez un projet, une situation dans laquelle vous surmontez un défi, ou un moment où vous recevez des félicitations pour votre réussite.

Exemple pratique :

Si vous souhaitez atteindre une promotion professionnelle, visualisez le jour où vous obtenez cette promotion.

Imaginez-vous en train de recevoir l'annonce, de remercier votre supérieur, et de ressentir la satisfaction d'avoir accompli cet objectif.

2. Les Affirmations Positives

Les affirmations positives sont des phrases que vous vous répétez régulièrement pour reprogrammer votre subconscient avec des pensées et des croyances qui vous encouragent plutôt que de vous limiter.
Ces déclarations vous aident à chasser les pensées négatives et à remplacer les doutes par la confiance en vos capacités.

Comment utiliser les affirmations positives ?

> ➤ Écrivez des affirmations qui sont directement liées à vos objectifs ou à votre bien-être mental.

Par exemple :

" *Je suis capable d'accomplir tout ce que je me fixe comme objectif* ".
" *Je suis calme, confiant et fort face aux défis* ".
" *Chaque jour, je m'améliore* ".

> ➤ Répétez-les chaque matin ou dans les moments où vous sentez le doute ou le stress monter.

> ➤ Croyez vraiment en ces affirmations.
> Plus vous les répétez avec conviction, plus elles auront un impact sur votre état d'esprit.

Exemple pratique :

Si vous avez l'habitude de douter de vos capacités au travail, une affirmation comme " Je suis compétent et je mérite la réussite " peut progressivement changer votre perception de vous-même et renforcer votre confiance au quotidien.

3. La Gratitude

La gratitude est l'une des pratiques les plus efficaces pour cultiver une attitude positive et améliorer votre bien-être.

Lorsque vous prenez le temps de vous concentrer sur ce qui va bien dans votre vie, vous réalisez que vous avez déjà beaucoup de choses pour lesquelles être reconnaissant, ce qui chasse le ressentiment et la négativité.

Comment intégrer la gratitude dans votre quotidien ?

- ➤ Tenez un journal de gratitude : chaque soir, écrivez trois choses pour lesquelles vous êtes reconnaissant.
- ➤ Elles peuvent être simples, comme un bon repas, un moment agréable avec un proche, ou une réussite professionnelle.
- ➤ Exprimez votre gratitude à ceux qui vous entourent. Envoyer un message de remerciement ou simplement exprimer votre reconnaissance à un collègue ou un ami peut renforcer vos relations et apporter plus de positivité dans votre environnement.

➢ Prenez un moment dans la journée pour penser à ce qui vous rend heureux.
Cela peut être pendant un trajet, en prenant un café, ou avant de vous coucher.

Exemple pratique :

Si vous vous sentez stressé ou démotivé, prenez quelques minutes pour réfléchir aux choses positives qui se sont passées dans la journée.
Cela peut être aussi simple qu'un sourire reçu d'un inconnu, une tâche accomplie, ou un moment de détente.
Cela aide à recentrer votre énergie sur le positif.

★ L'histoire de Camille :

" *Camille, jeune salariée en perte de motivation, se sentait bloquée dans une routine pesante. En adoptant la visualisation et la gratitude au quotidien, elle a peu à peu changé sa perspective. Chaque matin, elle listait trois choses positives de sa vie. En quelques mois, Camille a retrouvé confiance en elle, a développé un projet personnel qui la passionne et a transformé sa façon de voir les obstacles comme des opportunités* ".

Conclusion du Chapitre

Cultiver un mindset positif est une compétence qui se renforce au quotidien.

En adoptant des pratiques comme la visualisation, les affirmations positives et la gratitude, vous pouvez changer votre manière de voir les situations, de réagir aux défis, et d'appréhender la vie.

Avec le temps, ces techniques ne vous aideront pas seulement à réussir dans vos objectifs personnels et professionnels, mais elles vous offriront également une meilleure qualité de vie en vous permettant de rester plus calme, plus centré, et plus résilient face aux aléas de la vie.

La clé de tout développement personnel commence par la force de votre mentalité.

Chapitre 2 :
Fixer des Objectifs et Développer de Bonnes Habitudes

L'importance de fixer des objectifs clairs

Fixer des objectifs clairs est essentiel pour atteindre la réussite et le bien-être.

Un objectif bien défini donne une direction précise à nos efforts et nous permet de mesurer nos progrès.

Sans objectifs, nous risquons de nous égarer et de perdre de vue ce que nous souhaitons réellement accomplir.

Cependant, tous les objectifs ne se valent pas, pour être efficaces, ils doivent être réfléchis, précis et atteignables.

C'est là qu'intervient la méthode des objectifs SMART.

Comment fixer des objectifs SMART

La méthode SMART est un cadre éprouvé pour définir des objectifs clairs et réalistes.

Chaque lettre de l'acronyme représente un critère spécifique que doit respecter l'objectif pour être bien formulé :

> S *pour Spécifique :*

Un objectif spécifique est clairement défini.
Il ne doit pas être vague ou ambigu.
Il répond à des questions précises :

1. Que voulez-vous accomplir ?
2. Pourquoi est-ce important ?
3. Qui est concerné ?
4. Où cela doit-il se produire ?
5. Quels sont les détails ?

Exemple :

" *Je veux améliorer ma condition physique* " est vague.
" *Je veux courir 5 kilomètres sans m'arrêter en 3 mois* " est spécifique.

> ➤ M *pour Mesurable :*

Votre objectif doit être mesurable, c'est-à-dire qu'il doit inclure des critères précis qui vous permettent de suivre vos progrès et de savoir si vous l'avez atteint.

Exemple :

" *Je veux perdre du poids* " est difficile à mesurer.
" *Je veux perdre 5 kilos en deux mois* " est mesurable.

> ➤ A *pour Atteignable :*

Un objectif atteignable est réaliste et réalisable en fonction de vos capacités, de vos ressources et du temps disponible.
Il doit vous pousser à l'action, mais ne doit pas être impossible à accomplir.

Exemple :

" *Je veux devenir marathonien en deux semaines* " n'est probablement pas atteignable pour un débutant.
" *Je veux courir un semi-marathon dans 6 mois après avoir suivi un programme d'entraînement* " est plus atteignable.

> ➤ R *pour Réaliste :*

Vos objectifs doivent être pertinents et alignés avec vos valeurs et vos priorités actuelles.
Il doit s'agir de quelque chose qui a du sens pour vous, et non d'un simple caprice ou d'une aspiration à court terme.

Exemple :

Si vous avez un emploi à plein temps, un objectif de lancer une nouvelle entreprise en parallèle pourrait ne pas être réaliste.
" *Je veux travailler sur mon projet d'entreprise 10 heures par semaine tout en gardant mon emploi actuel* " est plus réaliste.

> ➤ T *pour Temporel :*

Chaque objectif doit avoir une échéance pour créer un sentiment d'urgence et vous aider à rester concentré.
Sans date limite, il est facile de reporter à plus tard ou de procrastiner.

Exemple :

" *Je veux être en meilleure forme* " est indéfini.
" Je veux améliorer mon endurance et courir 5 km d'ici la fin du mois de mars " a une limite de temps claire.

En utilisant ce cadre, vous pouvez vous fixer des objectifs motivants, atteignables et mesurables, qui vous pousseront à avancer avec clarté et confiance.

Techniques pour rester motivé et transformer des objectifs en habitudes

Une fois que vous avez fixé des objectifs SMART, le vrai défi commence : rester motivé et faire de vos objectifs une partie intégrante de votre vie quotidienne.
Transformer un objectif en une habitude est essentiel pour en assurer la réussite à long terme.

Voici quelques techniques pour y parvenir :

1. Fractionner les objectifs en étapes plus petites

Les grands objectifs peuvent sembler intimidants, et c'est souvent ce qui pousse les gens à abandonner.
En fractionnant vos objectifs en étapes plus petites, vous les rendez plus accessibles.
Chaque petite victoire vous rapproche de votre but final.

Exemple :

Si votre objectif est de courir 5 km sans vous arrêter, commencez par courir 1 km, puis 2 km, et ainsi de suite.
Chaque étape atteinte vous donne un sentiment d'accomplissement.

2. Établir un plan d'action

Un objectif sans plan est juste un souhait. Pour transformer vos aspirations en réalité, établissez un plan d'action avec des tâches concrètes à accomplir chaque jour ou chaque semaine.

Exemple :

Si votre objectif est de perdre du poids, votre plan d'action pourrait inclure : planifier vos repas de la semaine le dimanche, faire du sport 3 fois par semaine et suivre vos progrès chaque semaine.

3. Célébrer les petites victoires

Il est crucial de célébrer chaque progrès, aussi petit soit-il. Cela vous permet de maintenir votre motivation et de ressentir un sentiment de satisfaction, ce qui renforce votre désir de continuer.

Exemple :

Si vous parvenez à courir 3 km alors que vous n'en faisiez qu'un auparavant, offrez-vous une récompense, que ce soit un petit cadeau, un moment de détente, ou simplement la reconnaissance de votre progrès.

4. Créer des rappels visuels

Les rappels visuels sont un excellent moyen de rester motivé.
Affichez vos objectifs ou des citations inspirantes dans des endroits où vous les verrez souvent, comme sur votre bureau, sur votre miroir ou dans votre téléphone.

Exemple :

Si vous travaillez sur votre forme physique, collez un rappel sur votre réfrigérateur ou configurez des notifications motivantes sur votre téléphone.

5. Faire équipe avec quelqu'un

Trouver un partenaire d'objectifs, un ami ou un membre de la famille avec qui vous pouvez partager vos progrès et vos difficultés est un moyen puissant de rester motivé.
Il y a de la force dans la responsabilité partagée.

Exemple :

Si vous voulez améliorer votre alimentation, engagez-vous avec un ami à suivre ensemble un programme de repas sains et à échanger régulièrement sur vos progrès.

L'importance de la discipline et des routines quotidiennes.

La clé du succès réside souvent moins dans la motivation que dans la discipline.

La motivation peut fluctuer, mais la discipline est ce qui vous permet de continuer même lorsque l'envie n'est pas au rendez-vous.

En intégrant des routines quotidiennes à votre vie, vous transformez les tâches difficiles en habitudes automatiques, ce qui réduit la résistance mentale à l'action.

1. Pourquoi la discipline est cruciale

La discipline est la capacité à vous engager envers vos objectifs, même lorsque vous n'avez pas envie de faire les efforts nécessaires.

C'est la force intérieure qui vous permet de continuer malgré les distractions, les obstacles, et la lassitude.

Une fois que vous avez pris l'habitude d'agir, cela devient plus facile, car cela fait partie de votre routine.

Exemple :

Si vous vous fixez l'objectif de lire 30 minutes chaque jour pour améliorer vos connaissances, il est probable qu'au début, cela semble difficile à intégrer dans votre emploi du temps.
Mais avec de la discipline, vous pouvez créer un rituel où cette activité devient naturelle.

2. Routines quotidiennes pour structurer vos journées

Les routines quotidiennes apportent une structure et une prévisibilité à votre journée, ce qui réduit l'effort mental nécessaire pour prendre des décisions sur ce que vous devez faire.
Lorsque vous suivez une routine, vous savez déjà quelles actions accomplir sans y réfléchir longuement, ce qui facilite la constance.

Exemple :

Si votre objectif est d'améliorer votre forme physique, une routine pourrait inclure un entraînement à la même heure chaque matin ou soir.

Une fois que cela devient une habitude, vous n'aurez plus à vous battre avec vous-même pour vous y mettre.

★ L'histoire de Julien :

" *Julien avait des rêves, mais aucune structure pour les réaliser. Avec la méthode SMART, il a défini des objectifs clairs pour lancer son entreprise de coaching sportif. En transformant ces objectifs en habitudes quotidiennes, comme la planification et la discipline matinale, Julien est passé d'une idée floue à une réussite entrepreneuriale* ".

Conclusion du Chapitre

Fixer des objectifs **SMART** et les transformer en habitudes concrètes est l'une des étapes les plus importantes pour réussir dans tous les aspects de votre vie.

Les objectifs vous donnent une direction claire, tandis que les habitudes vous fournissent la constance nécessaire pour faire des progrès réguliers.

En combinant la discipline avec des routines quotidiennes, vous pouvez accomplir de grandes choses, même lorsque la motivation fait défaut.

Vous êtes maître de vos objectifs et, avec les bonnes stratégies, vous pouvez les réaliser tout en vivant une vie équilibrée et épanouie.

Chapitre 3 :
La Pleine Conscience et la Méditation

Introduction à la pleine conscience : être dans le moment présent.

Dans un monde où tout semble aller de plus en plus vite, il est facile de se laisser emporter par le flux constant des pensées, des tâches à accomplir, et des préoccupations.
Souvent, nous vivons dans le passé ou anticipons l'avenir, oubliant de profiter du moment présent.

La *pleine conscience, ou mindfulness*, est une pratique qui consiste à être pleinement présent, attentif à ce que nous faisons, pensons et ressentons, sans jugement ni distraction.
C'est un état d'esprit qui nous permet de mieux comprendre nos émotions et nos réactions, tout en réduisant le stress et l'anxiété.

La pleine conscience repose sur l'idée que le moment présent est tout ce que nous avons réellement.

Se concentrer sur l'instant, plutôt que sur les regrets du passé ou les incertitudes de l'avenir, nous permet de vivre plus intensément, d'améliorer notre bien-être mental et d'aborder nos défis avec plus de calme et de clarté.
Pratiquer la pleine conscience, c'est apprendre à observer nos pensées sans nous laisser entraîner par elles.

Cela signifie reconnaître nos émotions, nos sensations physiques et nos pensées sans chercher à les modifier ou à les éviter, mais simplement à les accepter pour ce qu'elles sont.

Cette acceptation crée un espace pour plus de sérénité et de recul dans notre vie quotidienne.

Exercices pratiques de méditation pour réduire le stress et l'anxiété

La méditation est une des pratiques les plus courantes et les plus efficaces pour cultiver la pleine conscience.

Elle offre un moyen direct d'entraîner notre esprit à rester dans le moment présent et de réduire le stress et l'anxiété.

Voici quelques exercices simples de méditation.

1. Méditation de respiration consciente

Cet exercice est l'une des formes de méditation les plus simples et les plus accessibles.

Il s'agit de porter toute votre attention sur votre respiration, en observant chaque inspiration et expiration sans essayer de les contrôler.

Instructions :

1. Asseyez-vous confortablement, sur une chaise, sur un coussin de méditation, ou même sur votre lit.

2. Fermez les yeux et prenez quelques instants pour relâcher toutes les tensions dans votre corps.

3. Portez toute votre attention sur votre respiration. Remarquez l'air qui entre par votre nez, la sensation de votre poitrine ou de votre ventre qui se soulève, et l'air qui ressort.

4. Si votre esprit commence à vagabonder (ce qui est tout à fait normal), remarquez simplement que vous êtes distrait, puis ramenez doucement votre attention sur votre respiration.

Pratiquez cet exercice pendant 5 à 10 minutes chaque jour.

Bienfaits :

Cette méditation permet de calmer le mental, de relâcher les tensions et de revenir dans l'instant présent, réduisant ainsi le stress et l'anxiété.

2. Méditation du scan corporel

Le scan corporel est une pratique de pleine conscience où vous concentrez votre attention sur chaque partie de votre corps, en prenant conscience des sensations physiques qui s'y trouvent.
Cet exercice aide à libérer les tensions corporelles et à renforcer la connexion entre le corps et l'esprit.

Instructions :

1. Allongez-vous sur le dos ou asseyez-vous confortablement.
   Fermez les yeux et prenez quelques respirations profondes pour vous détendre.

2. Commencez par concentrer votre attention sur vos pieds.
   Remarquez les sensations que vous ressentez, qu'il s'agisse de chaleur, de froid, de picotements ou de tension.

3. Remontez lentement votre attention le long de votre corps : vos jambes, votre bassin, votre abdomen, votre poitrine, vos bras, votre cou, votre visage et enfin le sommet de votre tête.

4. À chaque étape, prenez conscience des sensations que vous ressentez sans chercher à les changer.
   Si vous remarquez des tensions, respirez doucement dans cette zone et relâchez.

Cet exercice peut durer entre 10 et 20 minutes, selon le temps que vous consacrez à chaque partie du corps.

Bienfaits :

Le scan corporel aide à réduire les tensions physiques liées au stress, tout en favorisant une prise de conscience plus profonde de vos sensations corporelles.

3. Méditation de pleine conscience des émotions

Dans cet exercice, vous apprenez à observer vos émotions sans y réagir.
Cela vous permet de développer une relation plus saine avec vos émotions, en les acceptant telles qu'elles sont sans vous laisser submerger par elles.

Instructions :

1. Asseyez-vous confortablement et fermez les yeux. Prenez quelques respirations profondes pour vous ancrer dans le moment présent.

2. Portez ensuite votre attention sur les émotions que vous ressentez actuellement.
   Cela peut être de la tristesse, de l'anxiété, de la joie, ou toute autre émotion.

3. Observez simplement l'émotion sans essayer de la repousser ou de la nourrir.
   Remarquez où vous la ressentez dans votre corps et à quel point elle est forte ou faible.

4. Dites-vous intérieurement : " C'est OK de ressentir cela en ce moment ".
   Acceptez l'émotion telle qu'elle est, sans jugement.

5. Continuez à observer vos émotions pendant quelques minutes, puis terminez en revenant à votre respiration.

Bienfaits :

Cet exercice aide à réduire l'intensité des émotions difficiles en les observant sans jugement, plutôt que de se laisser submerger par elles.

Intégrer la pleine conscience dans la vie de tous les jours.

Pratiquer la pleine conscience ne se limite pas à des moments de méditation formelle.
L'objectif ultime de cette pratique est d'intégrer cet état de présence dans votre quotidien.

Voici quelques moyens simples d'y parvenir :

1. Manger en pleine conscience

Nous avons souvent tendance à manger rapidement, distraits par des écrans ou des pensées.

Manger en pleine conscience consiste à prêter une attention totale à chaque bouchée, en savourant les textures, les goûts et les odeurs de la nourriture.

Comment faire :

Prenez un repas sans distractions.
Concentrez-vous sur chaque bouchée, en notant la saveur, la texture et la température de la nourriture.
Mâchez lentement et appréciez pleinement chaque élément de votre repas.

2. Marcher en pleine conscience

La marche en pleine conscience consiste à prêter attention à chaque pas que vous faites, aux sensations dans vos pieds et dans votre corps, ainsi qu'à l'environnement qui vous entoure.

Comment faire :

Lorsque vous marchez, que ce soit dans la nature, dans la rue ou même chez vous, ralentissez légèrement votre rythme.
Portez attention à chaque pas : comment vos pieds touchent le sol, comment votre corps se balance et bouge.
Remarquez également les bruits et les odeurs autour de vous.

3. Respirer en pleine conscience dans les moments de stress

Lorsque vous êtes stressé, il est facile de vous laisser emporter par vos pensées et vos émotions.
Dans ces moments, prendre quelques secondes pour revenir à votre respiration peut vous aider à vous recentrer.

Comment faire :

Dès que vous sentez une montée de stress ou d'anxiété, arrêtez-vous quelques secondes.
Prenez trois respirations profondes, en portant toute votre attention sur l'air qui entre et sort de vos poumons.
Cela permet de calmer le mental et de revenir au moment présent.

4. Se déconnecter des écrans

Nous passons beaucoup de temps devant nos écrans, souvent sans en être pleinement conscients.
Pratiquer la pleine conscience peut également consister à prendre des pauses régulières pour observer ce que nous ressentons sans être distraits par la technologie.

Comment faire :

Chaque jour, prenez quelques minutes pour vous déconnecter complètement des écrans.

Pendant ce moment, concentrez-vous sur votre environnement immédiat, les sensations dans votre corps, et votre état d'esprit.

Cela peut être fait lors de petites pauses pendant votre journée de travail.

★ L'histoire de Sophie :

" Sophie, stressée par son travail d'infirmière, était au bord du burn-out. En intégrant la pleine conscience et des exercices de méditation à sa routine, elle a appris à gérer son stress et à vivre dans le présent. Aujourd'hui, elle se sent épanouie et plus en phase avec ses patients et ses proches ".

Conclusion du Chapitre

La pleine conscience et la méditation sont des pratiques accessibles à tous, qui permettent de mieux vivre le moment présent, de réduire le stress et de trouver plus de sérénité dans notre quotidien.

En intégrant ces exercices et ces principes à votre vie de tous les jours, vous développerez une meilleure connexion à vous-même, tout en améliorant votre bien-être mental et physique.

En pratiquant régulièrement la pleine conscience, vous apprendrez à appréhender les défis de la vie avec plus de calme et de clarté, tout en vivant plus intensément chaque moment.

Chapitre 4 :
Gestion du temps et Productivité.

L'importance de la gestion du temps pour une vie équilibrée

Dans une ère où les distractions sont omniprésentes et où les exigences de la vie moderne s'accumulent, gérer son temps efficacement est devenu une compétence essentielle.

Bien gérer son temps, c'est prendre le contrôle de son quotidien, éviter le stress inutile et trouver un équilibre entre les différentes sphères de sa vie.

Cela permet également d'être plus productif et d'accomplir davantage de choses sans se sentir submergé.

Cependant, sans un cadre clair pour organiser nos priorités et structurer nos journées, il est facile de tomber dans un état de surcharge, voire de burn-out.

Ce chapitre propose des techniques éprouvées de gestion du temps et de productivité pour vous aider à rester concentré, à hiérarchiser vos tâches et à atteindre vos objectifs avec efficacité.

Techniques de gestion du temps

1. La Méthode Pomodoro

La méthode Pomodoro est une technique de gestion du temps simple et puissante, développée par Francesco Cirillo dans les années 1980.
Son objectif est de maximiser la concentration en alternant des périodes de travail intense avec de courtes pauses.

Comment ça marche :

1. Choisissez une tâche spécifique sur laquelle vous souhaitez vous concentrer.

2. Réglez un minuteur sur 25 minutes (c'est ce qu'on appelle un Pomodoro).

3. Travaillez exclusivement sur cette tâche pendant ces 25 minutes, sans distraction.

4. Lorsque le minuteur sonne, prenez une courte pause de 5 minutes.

5. Après quatre sessions Pomodoro, prenez une pause plus longue de 15 à 30 minutes pour vous détendre complètement.

Avantages :

- La méthode Pomodoro aide à renforcer la concentration en découpant les tâches longues en périodes gérables.

- Elle favorise la discipline en limitant les distractions pendant les sessions de travail.

- Elle réduit la fatigue mentale en intégrant des pauses régulières pour recharger l'énergie.

Exemple pratique :

Si vous devez rédiger un rapport, divisez-le en sections que vous abordez dans des sessions Pomodoro.
Chaque session est dédiée à une partie précise, comme la recherche ou l'écriture.
Grâce à cette approche, vous évitez la procrastination et restez concentré sur une tâche à la fois.

2. La Matrice d'Eisenhower

La matrice d'Eisenhower, popularisée par le général et ancien président américain Dwight D. Eisenhower, est une technique puissante pour hiérarchiser les tâches et prendre des décisions plus judicieuses sur ce qui mérite votre attention.

Cette matrice divise les tâches en quatre catégories, en fonction de leur *urgence* et de leur *importance*.

- <u>*Urgent et Important :*</u>

Ce sont les tâches prioritaires à réaliser immédiatement, comme une crise au travail ou une échéance imminente.

- <u>*Important mais non Urgent :*</u>

Ce sont les tâches qui nécessitent de la planification, comme travailler sur vos objectifs à long terme, l'apprentissage de nouvelles compétences ou l'amélioration de votre bien-être.

- <u>*Urgent mais non Important :*</u>

Ce sont des distractions ou des interruptions qui semblent nécessiter une attention immédiate, mais qui ne contribuent pas à vos objectifs à long terme.
Ces tâches peuvent souvent être déléguées.

- <u>*Ni Urgent ni Important :*</u>

Ce sont des activités qui vous font perdre du temps, comme regarder trop de séries ou faire du shopping en ligne.
Elles peuvent être éliminées ou limitées.

Comment utiliser la matrice d'Eisenhower ?

1. Faites une liste de toutes vos tâches.

2. Placez-les dans l'une des quatre catégories de la matrice.
   Traitez les tâches Urgentes et Importantes en premier.

3. Planifiez les tâches importantes mais non urgentes pour les aborder progressivement avant qu'elles ne deviennent urgentes.

4. Déléguez ou minimisez les tâches urgentes mais non importantes.

5. Éliminez ou limitez les tâches ni urgentes ni importantes qui gaspillent votre temps.

Avantages :

- Cette matrice vous aide à prendre des décisions plus éclairées en vous concentrant sur ce qui a un impact réel sur votre vie.

- Elle vous empêche de vous laisser submerger par des tâches urgentes mais insignifiantes.

- Elle vous permet de mieux gérer vos priorités à long terme.

Exemple pratique :

Si vous avez une présentation à préparer dans deux semaines (Important mais non Urgent), vous devez la planifier pour y travailler chaque jour, au lieu d'attendre la dernière minute et qu'elle devienne urgente.
Cela vous permet de gérer le stress et de mieux préparer votre travail.

Organiser ses priorités pour éviter le burn-out.

Le burn-out survient souvent lorsqu'on essaie de tout faire en même temps, sans se donner le temps de se reposer ou de déléguer.
Pour éviter ce phénomène, il est essentiel d'apprendre à organiser ses priorités de manière réaliste et d'adopter des stratégies pour équilibrer le travail, les responsabilités personnelles, et le temps de repos.

1. Apprendre à dire non

Dire " oui " à tout le monde et à toutes les demandes peut rapidement conduire à l'épuisement.
Il est important de comprendre que vous n'avez pas à tout accepter.
Fixez des limites claires et ne vous surchargez pas inutilement de tâches supplémentaires qui ne sont pas essentielles.

Conseil pratique :

Avant d'accepter une nouvelle tâche ou un nouveau projet, évaluez s'il est vraiment important pour vous ou si cela risque de vous éloigner de vos objectifs prioritaires.

2. Fractionner les tâches importantes

Les grandes tâches peuvent sembler accablantes et conduire à la procrastination.
En les fractionnant en petites étapes, vous les rendez plus accessibles et plus faciles à accomplir.

Conseil pratique :

Si vous devez préparer un projet complexe, divisez-le en étapes spécifiques avec des sous-tâches.
De cette façon, vous pourrez cocher des tâches régulières et garder une sensation de progrès constant.

3. Planifier des pauses régulières

Pour éviter le burn-out, il est crucial de ne pas ignorer le besoin de repos.
Prendre des pauses régulières permet de maintenir un niveau d'énergie stable et de rester productif sur le long terme.

Conseil pratique :

Insérez des pauses dans votre emploi du temps quotidien, même si ce n'est que quelques minutes pour prendre l'air ou boire un verre d'eau.
Cela permet de recharger vos batteries et d'éviter l'épuisement.

4. Accorder du temps aux activités régénératrices

Les moments de détente et de loisirs sont tout aussi importants que les moments de productivité.
En négligeant les activités qui régénèrent votre énergie (comme le sport, les loisirs créatifs ou passer du temps avec vos proches), vous risquez de vous épuiser.

Conseil pratique :

Programmez dans votre agenda des moments de détente, tout comme vous le feriez pour une réunion ou une tâche importante.

L'utilisation de la planification et des agendas pour maximiser sa productivité.

L'un des moyens les plus efficaces pour maximiser votre productivité est d'utiliser des outils de planification, tels que des agendas ou des applications de gestion du temps.

Cela permet de visualiser clairement vos tâches, de mieux structurer votre journée, et d'assurer que vous ne perdez pas de vue vos priorités.

1. Utiliser un agenda quotidien ou hebdomadaire

Un agenda, qu'il soit numérique ou papier, est un excellent outil pour planifier vos journées et vos semaines.
Vous pouvez y noter vos tâches, vos rendez-vous et vos objectifs, ce qui vous aide à structurer votre emploi du temps de manière réaliste.

Conseil pratique :

Chaque soir, prenez quelques minutes pour planifier votre journée du lendemain.
Identifiez vos trois priorités principales et programmez des créneaux spécifiques pour les tâches importantes.

2. Bloquer du temps pour les tâches spécifiques

Le time-blocking est une technique qui consiste à réserver des blocs de temps spécifiques dans votre journée pour des tâches particulières.
Cela permet de consacrer toute votre attention à une tâche sans être distrait par d'autres obligations.

Conseil pratique :

Bloquez des plages horaires dédiées à des tâches importantes dans votre agenda.
Par exemple, réservez une heure le matin pour répondre à vos emails, puis deux heures l'après-midi pour travailler sur un projet spécifique.
Évitez de remplir votre journée avec trop de blocs pour laisser de la flexibilité.

3. Évaluer régulièrement vos progrès

Il est essentiel de faire régulièrement le point sur vos progrès.
Cela vous permet d'ajuster vos priorités en fonction des résultats obtenus et de corriger le tir si nécessaire.

Conseil pratique :

Prenez l'habitude de réévaluer vos objectifs chaque semaine.

- Quelles tâches avez-vous accomplies ?
- Où avez-vous perdu du temps ?
- Quelles priorités devez-vous ajuster pour la semaine suivante ?

★ L'histoire de Marc :

" *Entrepreneur débordé, Marc était en perpétuel retard. Grâce à la méthode Pomodoro et à la matrice d'Eisenhower, il a appris à gérer ses priorités et à équilibrer travail et vie personnelle. En quelques semaines, il a retrouvé du temps pour sa famille et a amélioré sa productivité* ".

Conclusion du Chapitre

Une bonne gestion du temps est la clé pour être productif tout en évitant le burn-out.

En utilisant des techniques comme la méthode Pomodoro et la matrice d'Eisenhower, vous pouvez non seulement mieux organiser vos tâches, mais aussi éviter de vous laisser submerger par des distractions ou des urgences inutiles.

La planification quotidienne et l'utilisation d'outils comme les agendas vous permettent de structurer efficacement votre journée, en vous concentrant sur ce qui compte vraiment.

En gérant votre temps de manière plus intelligente, vous ne serez plus simplement réactif face aux demandes et aux pressions externes.

Vous deviendrez proactif dans l'organisation de vos priorités, ce qui vous permettra de rester productif sans sacrifier votre bien-être.

En fin de compte, apprendre à gérer votre temps est une compétence essentielle non seulement pour réussir, mais aussi pour mener une vie équilibrée et épanouie.

Partie 2 :
Santé et Bien-être Physique

Chapitre 5 :
Nutrition pour un Corps en Pleine Santé

L'importance de la nutrition pour une santé optimale

La nutrition joue un rôle central dans notre bien-être général, car elle fournit au corps l'énergie et les nutriments nécessaires pour fonctionner correctement, se régénérer et prévenir les maladies.

Une alimentation équilibrée et riche en nutriments renforce le système immunitaire, améliore la qualité de vie, et maintient un poids santé.

Il ne s'agit pas seulement de " bien manger ", mais de comprendre comment chaque aliment impacte notre corps et nos fonctions vitales.

Bases de la nutrition :

" les macronutriments et micronutriments essentiels "

Pour maintenir un corps en pleine santé, il est essentiel de comprendre les deux grandes catégories de nutriments que notre alimentation doit fournir : *les macronutriments et les micronutriments.*

1. Les Macronutriments

Les macronutriments sont les nutriments que notre corps utilise en grandes quantités pour produire de l'énergie.
Ils sont divisés en trois groupes principaux :

- **Les glucides :**

   Ils sont la principale source d'énergie pour le corps.
   Les glucides sont décomposés en glucose, qui est utilisé par les cellules pour leurs fonctions quotidiennes.
   On les trouve dans les céréales, les fruits, les légumes, et les légumineuses.
   Il est préférable de privilégier les glucides complexes (comme le riz complet, l'avoine, ou les patates douces) qui libèrent de l'énergie de manière progressive, plutôt que les glucides simples (comme les bonbons ou le sucre raffiné) qui provoquent des pics de glycémie.

- **Les protéines :**

   Les protéines sont les briques qui construisent et réparent les tissus du corps, y compris les muscles, la peau, et les os.
   Elles jouent également un rôle dans la production d'enzymes et d'hormones.

Les protéines se trouvent dans les viandes, les poissons, les œufs, les légumineuses, et certains produits à base de soja comme le tofu.

- **Les lipides** (*ou graisses*) :

Les graisses sont essentielles au bon fonctionnement du cerveau, à la production d'hormones, et à l'absorption de certaines vitamines. Il existe des graisses saturées (présentes dans les produits d'origine animale) et des graisses insaturées (présentes dans les huiles végétales, les noix et les poissons gras).
Il est recommandé de privilégier les graisses insaturées, qui sont bénéfiques pour la santé cardiaque.

2. <u>Les Micronutriments</u>

Les micronutriments sont des vitamines et des minéraux que le corps n'a besoin qu'en petites quantités, mais qui sont essentiels pour prévenir les carences et optimiser les fonctions corporelles.

Parmi les plus importants, on retrouve :

- **Les vitamines :**

Elles aident à réguler diverses fonctions du corps.

Par exemple, la vitamine C est essentielle pour le système immunitaire et la régénération des tissus, tandis que la vitamine D favorise l'absorption du calcium et le renforcement des os.

- Les minéraux :

    Ils sont cruciaux pour la santé des os, la production d'hormones, et l'équilibre hydrique.
    Le calcium est vital pour la santé des os et des dents, le fer transporte l'oxygène dans le sang, et le magnésium soutient la fonction nerveuse et musculaire.

Principes d'une alimentation équilibrée

Une alimentation équilibrée repose sur un apport adéquat en macronutriments et micronutriments tout en limitant les aliments transformés et riches en sucres ajoutés.

Voici les principes de base d'une alimentation saine et équilibrée :

➤ Varier les sources alimentaires

Assurez-vous d'inclure une grande variété d'aliments dans votre alimentation pour couvrir tous vos besoins en nutriments.

Les fruits, légumes, céréales complètes, protéines maigres, et graisses saines devraient constituer la base de votre alimentation quotidienne.

➤ Privilégier les aliments non transformés

Les aliments non transformés, comme les fruits, légumes, noix, graines, céréales complètes, viandes maigres, et poissons, sont riches en nutriments essentiels.
Évitez les aliments hautement transformés et industriels qui contiennent souvent des sucres ajoutés, des graisses saturées et des additifs.

➤ Contrôler les portions

L'équilibre réside aussi dans la modération.
Consommer des portions adaptées à vos besoins énergétiques permet de maintenir un poids santé et d'éviter les excès caloriques.

➤ Boire suffisamment d'eau

L'hydratation est tout aussi importante que ce que vous mangez.
Boire au moins 1,5 à 2 litres d'eau par jour aide à réguler votre métabolisme, à évacuer les toxines et à maintenir une bonne digestion.

Les super-aliments et leurs bienfaits

Les super-aliments sont des aliments particulièrement riches en nutriments, qui offrent de nombreux bienfaits pour la santé.

Ils peuvent facilement être intégrés dans une alimentation équilibrée pour renforcer le système immunitaire, améliorer l'énergie et prévenir les maladies.

Voici quelques exemples de super-aliments et leurs bienfaits :

- Les baies (*myrtilles, framboises, mûres*) :

  Riches en antioxydants, elles aident à combattre les radicaux libres et à réduire le risque de maladies chroniques.

- Le curcuma :

  Ce puissant anti-inflammatoire naturel est utilisé pour soulager les douleurs articulaires et améliorer la santé digestive.

- Les graines de chia :

  Riches en oméga-3, en fibres, et en protéines, elles favorisent la santé cardiaque et le bon fonctionnement du système digestif.

- Le chou kale :

    Ce légume-feuille est bourré de vitamines A, C et K, ainsi que de minéraux comme le calcium.
    Il est excellent pour la santé des os et du système immunitaire.

- Les amandes :

    Excellente source de graisses saines, de fibres, et de protéines, elles aident à maintenir un cœur en bonne santé et à réguler la glycémie.

- Le saumon :

    Riche en oméga-3, il contribue à la santé cardiaque, réduit les inflammations et soutient le bon fonctionnement du cerveau.

Conseils pratiques pour adopter une alimentation saine.

Adopter une alimentation saine ne doit pas être compliqué ni ennuyeux.

Voici quelques conseils pratiques et idées de repas pour vous aider à faire des choix nutritionnels intelligents.

1. Planifiez vos repas

La planification des repas permet de structurer votre alimentation sur la semaine et de faire des choix plus équilibrés.
Prévoyez vos repas principaux et vos collations à l'avance pour éviter de recourir à des options rapides et peu nutritives.

Exemple de menu hebdomadaire simple :

- Petit-déjeuner :

  Smoothie vert (épinards, banane, lait d'amande, graines de chia)

- Déjeuner :

  Salade composée (*quinoa, avocat, saumon, pois chiches, chou kale*)

- Dîner :

  Poulet grillé avec légumes rôtis (*brocoli, patates douces*) et riz complet

- Collation :

  Amandes et un fruit frais

2. Remplacez les aliments transformés par des alternatives saines

Substituer les aliments transformés par des options plus nutritives est une étape clé pour adopter une alimentation saine.

Exemples :

- Remplacez le pain blanc par du pain complet.

- Substituez les sodas par de l'eau infusée aux fruits ou des tisanes.

- Remplacez les chips par des légumes croquants (*carottes, concombre*) avec du houmous.

3. Cuisinez chez vous autant que possible

En cuisinant vous-même vos repas, vous contrôlez mieux ce que vous consommez.
Vous pouvez également utiliser des ingrédients frais et éviter les additifs et conservateurs.

4. Essayez des recettes simples et équilibrées

Manger sainement ne signifie pas passer des heures en cuisine.

Voici deux idées de recettes rapides :

Recette : Bol de quinoa et légumes

Ingrédients :

Quinoa cuit, pois chiches, carottes râpées, avocat, chou rouge, sauce tahini.

Instructions :

Mélangez tous les ingrédients dans un bol.
Ajoutez une sauce tahini et du jus de citron pour une touche de saveur.

Recette : Poêlée de légumes et poulet

Ingrédients :

Filets de poulet, courgettes, poivrons, oignons, ail, huile d'olive.

Instructions :

Faites revenir les filets de poulet dans un peu d'huile d'olive jusqu'à ce qu'ils soient dorés.
Ajoutez les légumes coupés en dés, faites cuire à feu moyen pendant 10 à 15 minutes.
Assaisonnez à votre goût.

★ L' histoire de Laura :

" *Laura souffrait de fatigue chronique. En adaptant son alimentation, en intégrant des super-aliments et en respectant les principes d'une alimentation équilibrée, elle a récupéré son énergie. Elle partage maintenant ses recettes saines avec ses proches et se sent revitalisée* ".

Conclusion du Chapitre

Une alimentation saine est la base d'un corps en pleine santé.

En comprenant les besoins en macronutriments et micronutriments, en adoptant les principes d'une alimentation équilibrée, et en intégrant des super-aliments à votre régime, vous optimisez votre bien-être général.

Non seulement cela permet de renforcer votre système immunitaire, mais cela vous aide également à maintenir votre énergie tout au long de la journée et à prévenir les maladies chroniques.

Adopter une alimentation saine ne doit pas être compliqué ou contraignant.

En planifiant vos repas, en choisissant des recettes simples et savoureuses, et en privilégiant les aliments non transformés, vous pouvez progressivement intégrer des habitudes alimentaires qui soutiennent vos objectifs de santé.

En fin de compte, une alimentation équilibrée et riche en nutriments est l'un des meilleurs investissements que vous puissiez faire pour votre bien-être physique et mental à long terme.

Chapitre 6
Exercice Physique et Fitness

Les avantages d'une activité physique régulière

L'exercice physique est l'un des piliers fondamentaux pour maintenir une bonne santé, tant physique que mentale.
Il ne s'agit pas seulement d'améliorer l'apparence extérieure ou de perdre du poids, mais de contribuer à un bien-être général et à une meilleure qualité de vie.

L'activité physique régulière présente de nombreux avantages :

- Amélioration de la santé cardiovasculaire :

L'exercice renforce le cœur et améliore la circulation sanguine, réduisant ainsi les risques de maladies cardiaques et d'accidents vasculaires cérébraux.

- Renforcement du système immunitaire :

L'activité physique régulière stimule le système immunitaire, aidant à prévenir les infections et à mieux gérer les maladies chroniques.

- **Gestion du poids :**

L'exercice aide à brûler des calories, à développer la masse musculaire et à réguler le métabolisme, ce qui facilite le maintien ou la perte de poids.

- **Amélioration de la santé mentale :**

L'activité physique réduit le stress, l'anxiété et la dépression en libérant des endorphines, les "hormones du bonheur". Elle favorise également un meilleur sommeil.

- **Augmentation de l'énergie et de l'endurance :**

En pratiquant une activité régulière, votre corps devient plus efficace pour utiliser l'oxygène, ce qui se traduit par une augmentation de l'énergie et de la résistance à l'effort.

- **Maintien de la mobilité et de la souplesse :**

Les exercices réguliers améliorent la mobilité des articulations, la souplesse et préviennent les douleurs chroniques.
L'exercice physique, qu'il soit modéré ou intense, peut être adapté à tous les âges et niveaux de forme physique.
Le plus important est de choisir une routine qui vous convient, que vous appréciez et qui correspond à vos objectifs.

Différents types d'exercices.

Il existe plusieurs types d'exercices qui apportent des bienfaits spécifiques au corps.
Pour obtenir des résultats optimaux, il est important d'intégrer différents types d'activités dans votre routine.

Voici les trois principaux types d'exercices à considérer :

❖ Cardio *(exercice cardiovasculaire)*

Les exercices cardio augmentent votre rythme cardiaque et améliorent l'efficacité de votre cœur, de vos poumons et de votre système circulatoire.
Ils sont également excellents pour brûler des calories et favoriser la perte de poids.

Exemples d'exercices cardio :

❖ Marche rapide
❖ Course à pied
❖ Saut à la corde
❖ Natation
❖ Vélo
❖ Danse

Avantages :

• Amélioration de l'endurance cardiorespiratoire

• Perte de poids et brûlage des graisses

• Réduction des risques de maladies cardiaques

❖ <u>Renforcement musculaire</u>

Le renforcement musculaire se concentre sur le développement et le maintien de la force des muscles.
Cela inclut des exercices qui sollicitent les différents groupes musculaires à travers des mouvements répétitifs ou en utilisant des résistances.

Exemples d'exercices de renforcement musculaire :

❖ Pompes
❖ Squats
❖ Fentes
❖ Planche (planking)
❖ Exercices avec des haltères ou bandes élastiques

Avantages :

• Amélioration de la force musculaire et de l'endurance

• Augmentation de la densité osseuse

• Meilleure posture et prévention des blessures

❖ Souplesse et mobilité

Les exercices de souplesse et de mobilité visent à étirer et assouplir les muscles et à améliorer la mobilité des articulations.

Ils sont souvent négligés, mais essentiels pour prévenir les blessures, réduire les douleurs musculaires et améliorer l'amplitude des mouvements.

Exemples d'exercices de souplesse :

- ❖ Yoga
- ❖ Étirements statiques et dynamiques
- ❖ Pilates

Avantages :

• Amélioration de la flexibilité et de la mobilité des articulations

• Réduction des tensions musculaires et prévention des douleurs

• Meilleure posture et équilibre

Comment créer un programme d'entraînement adapté à ses objectifs et à son niveau.

Pour maximiser les bienfaits de l'exercice physique, il est essentiel de créer un programme d'entraînement adapté à vos objectifs et à votre niveau de forme physique.

Voici les étapes clés pour concevoir un programme personnalisé :

1. Définir vos objectifs

Vos objectifs détermineront le type d'exercices à privilégier.

Voici quelques exemples :

- Perte de poids :

  Vous devez vous concentrer principalement sur des exercices cardiovasculaires (course, natation, vélo) combinés à du renforcement musculaire pour augmenter votre métabolisme.

- Renforcement musculaire :

  Misez sur des exercices de musculation, avec des poids ou des résistances, en vous concentrant sur différents groupes musculaires.

- Améliorer la souplesse :

  Privilégiez les exercices d'étirement, de yoga ou de pilates pour augmenter votre flexibilité.

- Amélioration de la santé cardiovasculaire :

  Les exercices cardio tels que la course à pied, la marche rapide ou le vélo sont à privilégier.

2. Évaluer votre niveau actuel

Que vous soyez débutant ou plus expérimenté, il est crucial d'adapter votre programme à votre niveau de départ.
Ne vous surchargez pas dès le début, mais augmentez l'intensité et la fréquence des séances au fil du temps.

Conseil pratique :

Si vous êtes débutant, commencez par 2 à 3 séances par semaine et augmentez progressivement à 4 ou 5 jours par semaine.
Si vous êtes plus avancé, vous pouvez structurer vos entraînements autour de 4 à 5 séances hebdomadaires.

3. Planifier vos séances

Une séance d'entraînement équilibrée devrait inclure un mélange d'exercices cardio, de renforcement musculaire et d'étirements pour travailler l'ensemble du corps.
Assurez-vous d'intégrer des jours de repos ou de récupération active pour permettre à votre corps de se régénérer.

Exemple de plan d'entraînement pour un débutant :

- Jour 1 : Cardio
  (30 *minutes de marche rapide ou de course légère*)

- Jour 2 : Renforcement musculaire
  (15 *minutes de pompes, squats, fentes, planche*)

- Jour 3 : Repos ou récupération active
  (*marche légère, yoga*)

- Jour 4 : Cardio
  (*vélo, natation ou autre activité cardio pendant 30 minutes*)

- Jour 5 : Renforcement musculaire
  (circuit training de 20 minutes)

- Jour 6 : Étirements ou yoga

- Jour 7 : Repos complet

4. Suivre et ajuster votre programme

Il est important de suivre vos progrès et d'ajuster votre programme en fonction de vos résultats et de votre ressenti.
Si vous vous sentez plus fort et plus en forme, augmentez la durée ou l'intensité de vos séances.

Exercices simples à faire chez soi sans équipement.

Pas besoin d'équipement sophistiqué pour rester en forme.

Voici quelques exercices efficaces que vous pouvez faire chez vous, en utilisant uniquement le poids de votre corps :

❖ <u>Squats</u>

Les squats renforcent les muscles des jambes et des fessiers.

➢ Tenez-vous debout, pieds écartés à la largeur des épaules.

➢ Abaissez-vous comme si vous alliez vous asseoir sur une chaise, en gardant le dos droit.

➢ Revenez en position debout en poussant sur vos talons.

➢ Répétez 3 séries de 15 à 20 squats.

❖ <u>Pompes</u>

Les pompes renforcent la poitrine, les épaules et les bras.

➢ Placez-vous en position de planche, mains au sol à la largeur des épaules.

➢ Abaissez votre corps jusqu'à ce que votre poitrine touche presque le sol.

➢ Remontez en contractant vos bras et votre poitrine.

➢ Répétez 3 séries de 10 à 15 pompes.

❖ Planche (*planking*)

La planche est excellente pour renforcer les abdominaux et le tronc.

➢ Mettez-vous en position de planche, avec vos avant-bras au sol et votre corps droit.

➢ Contractez vos abdominaux et maintenez cette position pendant 30 à 60 secondes.

➢ Répétez 3 fois.

❖ Fentes

Les fentes renforcent les jambes et améliorent l'équilibre.

➢ Tenez-vous debout, pieds écartés à la largeur des hanches.

➢ Faites un grand pas en avant avec une jambe et abaissez votre corps jusqu'à ce que votre genou arrière soit proche du sol.

➢ Revenez à la position initiale et répétez avec l'autre jambe.

➢ Répétez 3 séries de 10 fentes par jambe.

❖ <u>Mountain Climbers</u>

Cet exercice cardio renforce le tronc et brûle des calories.

➤ Commencez en position de planche, les bras tendus, puis ramenez alternativement un genou vers votre poitrine, comme si vous couriez en position horizontale.

➤ Alternez rapidement entre les deux jambes tout en gardant les mains bien ancrées au sol.

➤ Répétez 3 séries de 20 à 30 répétitions par jambe.

❖ <u>*Superman*</u>

Le Superman renforce le bas du dos et les muscles de la chaîne postérieure.

➤ Allongez-vous sur le ventre, les bras tendus devant vous.

➤ Soulevez simultanément vos bras, votre poitrine et vos jambes du sol.

➤ Maintenez la position pendant quelques secondes, puis redescendez.

➤ Répétez 3 séries de 12 à 15 répétitions.

★ L'histoire de Thomas :

" Après des années de sédentarité, Thomas avait perdu confiance en son corps. Avec des exercices simples à faire chez soi, il a créé un programme adapté à son rythme. Progressivement, il a retrouvé la forme et a même commencé à participer à des courses locales ".

Conclusion du Chapitre

L'exercice physique et le fitness sont des éléments essentiels d'une vie saine et équilibrée.

Que vous cherchiez à améliorer votre santé cardiovasculaire, à renforcer vos muscles, ou à gagner en souplesse, intégrer régulièrement différents types d'exercices dans votre routine vous permettra de récolter des bénéfices à long terme.

Vous n'avez pas besoin de matériel sophistiqué ou d'abonnement coûteux pour rester en forme ; des exercices simples et efficaces peuvent être réalisés à la maison sans aucun équipement.

En créant un programme d'entraînement adapté à vos objectifs et à votre niveau, et en restant régulier dans vos efforts, vous constaterez rapidement des améliorations dans votre forme physique, votre énergie et votre bien-être général.

Commencez doucement, progressez à votre propre rythme, et faites de l'exercice une habitude incontournable dans votre vie quotidienne.

Chapitre 7
Sommeil et Récupération

L'importance du sommeil pour la santé physique et mentale

Le sommeil est souvent sous-estimé, mais il est l'un des piliers fondamentaux de la santé physique et mentale.

Une bonne nuit de sommeil permet au corps de se régénérer, de restaurer ses fonctions vitales, et de maintenir un équilibre entre le corps et l'esprit.

Le sommeil joue un rôle clé dans de nombreux processus essentiels tels que la récupération musculaire, la consolidation de la mémoire, la régulation des émotions et le bon fonctionnement du système immunitaire.

Sur le plan physique, le sommeil favorise la régénération des cellules et la réparation des tissus, ce qui est crucial pour maintenir la santé musculaire, la densité osseuse et la capacité du corps à se remettre des efforts physiques.

Il aide également à réguler des hormones essentielles comme l'insuline et la leptine, qui contrôlent l'appétit et le métabolisme.

Sur le plan mental, le sommeil permet à notre cerveau de se "réinitialiser".

Pendant que nous dormons, le cerveau traite et organise les informations accumulées tout au long de la journée, renforçant ainsi les souvenirs et favorisant l'apprentissage.

De plus, un sommeil de qualité améliore l'humeur, réduit le stress et contribue à une meilleure gestion des émotions.

Sans sommeil suffisant, nos capacités cognitives, notre concentration, notre énergie, et même notre système immunitaire en pâtissent.
Le sommeil est donc essentiel pour maintenir un équilibre global entre le corps et l'esprit.

Conseils pour améliorer la qualité de son sommeil.

Avoir un sommeil réparateur ne dépend pas seulement du nombre d'heures passées au lit, mais aussi de la qualité du sommeil.
Pour maximiser cette qualité, il est important de mettre en place une routine du soir, de créer un environnement propice au repos, et d'adopter des pratiques de relaxation.

Voici quelques conseils pratiques pour améliorer votre sommeil.

1. Établir une routine du soir

Une routine régulière avant le coucher aide à signaler à votre corps qu'il est temps de se détendre et de se préparer pour le sommeil.
En instaurant des habitudes nocturnes apaisantes, vous créez une transition douce entre votre journée active et le repos.

- **Fixez une heure de coucher régulière :**

  Essayez d'aller au lit à la même heure chaque soir, même le week-end.
  Cela aide à réguler votre horloge interne (ou rythme circadien) et à favoriser un endormissement plus rapide.

- **Limitez l'exposition aux écrans :**

  Les lumières bleues émises par les téléphones, ordinateurs et télévisions perturbent la production de mélatonine, l'hormone qui régule le sommeil.
  Évitez les écrans au moins 30 minutes à une heure avant d'aller vous coucher.

- **Évitez les stimulants :**

  La caféine, la nicotine et même les repas lourds avant de se coucher peuvent retarder l'endormissement.
  Il est conseillé de limiter la consommation de ces substances en fin de journée.

- **Créez un rituel apaisant :**

  Prenez le temps de faire quelque chose de relaxant avant de vous coucher, comme lire un livre, prendre un bain chaud, ou pratiquer une courte méditation.
  Ces activités signalent à votre corps qu'il est temps de se détendre.

2. Aménager un environnement propice au sommeil

L'environnement dans lequel vous dormez joue un rôle crucial dans la qualité de votre sommeil.
Un cadre calme et confortable favorise l'endormissement et aide à maintenir un sommeil réparateur tout au long de la nuit.

- *Température :*

  La température idéale pour dormir se situe entre 18 et 20°C.
  Un environnement trop chaud ou trop froid peut perturber le sommeil, alors ajustez la température de votre chambre pour un confort optimal.

- *Obscurité :*

  La lumière naturelle ou artificielle peut affecter la qualité du sommeil.
  Assurez-vous que votre chambre soit aussi sombre que possible, à l'aide de rideaux occultants ou d'un masque de sommeil si nécessaire.

- *Calme :*

  Le bruit, qu'il soit constant ou intermittent, peut interrompre le sommeil profond.

Si vous ne pouvez pas éviter le bruit (bruit extérieur, voisins, etc.), envisagez d'utiliser des bouchons d'oreille ou une machine à bruit blanc pour créer un environnement sonore apaisant.

- *Literie confortable :*

  Investir dans un bon matelas, des oreillers de soutien et des draps confortables peut faire une grande différence dans la qualité de votre sommeil. Une literie adaptée soutient votre corps et réduit les réveils dus à l'inconfort.

3. Techniques de relaxation pour favoriser l'endormissement

Se détendre avant de se coucher est essentiel pour calmer l'esprit et préparer le corps au sommeil.

Voici quelques techniques de relaxation efficaces :

- *Respiration profonde :*

  Pratiquez des exercices de respiration lente et profonde pour réduire le stress.
  Essayez la technique de respiration 4-7-8 : inspirez par le nez pendant 4 secondes, retenez votre souffle pendant 7 secondes, puis expirez lentement par la bouche pendant 8 secondes.

- *Méditation de pleine conscience* :

  Pratiquer la pleine conscience aide à calmer les pensées agitées.

  Concentrez-vous sur votre respiration ou sur un scan corporel pour libérer les tensions physiques et mentales.

- *Étirements doux* :

  Quelques étirements doux avant de dormir permettent de relâcher la tension musculaire accumulée durant la journée.

  Des postures simples de yoga, comme la posture de l'enfant ou celle du cadavre (savasana), sont particulièrement apaisantes.

Comment le manque de sommeil affecte la santé globale et comment récupérer.

Le manque de sommeil peut avoir des effets dévastateurs sur la santé à court et à long terme.

Lorsque nous manquons de sommeil, notre corps et notre esprit ne disposent pas du temps nécessaire pour se régénérer, ce qui peut entraîner une série de problèmes physiques et mentaux.

1. Les effets du manque de sommeil

- *Fatigue et baisse d'énergie :*

  Le manque de sommeil réduit notre énergie et nous rend moins productifs.
  Cela affecte aussi notre capacité à rester concentré, à prendre des décisions et à résoudre des problèmes.

- *Affaiblissement du système immunitaire :*

  Le sommeil permet à notre système immunitaire de se renforcer.
  Le manque de sommeil augmente la susceptibilité aux infections et ralentit la guérison.

- *Impact sur la santé mentale :*

  Le manque de sommeil contribue à l'augmentation de l'anxiété, de l'irritabilité et du stress.
  À long terme, il peut favoriser l'apparition de troubles mentaux comme la dépression.

- *Problèmes de métabolisme et prise de poids :*

  Le manque de sommeil perturbe les hormones qui régulent la faim et le métabolisme.
  Cela peut entraîner des fringales et une prise de poids.

- *Risque accru de maladies chroniques :*

  Un manque de sommeil chronique augmente les risques de développer des maladies graves comme l'hypertension, le diabète de type 2, et les maladies cardiovasculaires.

2. Comment récupérer après une période de manque de sommeil

Si vous avez souffert d'un manque de sommeil prolongé, il est important de rétablir un rythme de sommeil sain pour récupérer physiquement et mentalement.

- *Allonger progressivement la durée du sommeil :*

  Essayez d'ajouter progressivement 15 à 30 minutes de sommeil supplémentaire chaque nuit, jusqu'à retrouver une durée de sommeil de 7 à 9 heures.

- *Récupérer avec des siestes :*

  Si vous ne pouvez pas allonger vos nuits immédiatement, des siestes courtes de 20 à 30 minutes dans la journée peuvent aider à combler le déficit de sommeil sans perturber votre rythme nocturne.

- *Réorganiser votre emploi du temps :*

  Si possible, réduisez vos engagements pendant quelques jours pour laisser plus de place au repos et à la récupération.
  Prenez soin de ne pas surcharger vos journées, afin d'éviter de retomber dans un cycle de manque de sommeil.

- *Prioriser le sommeil :*

  Donnez la priorité à votre sommeil en évitant les distractions nocturnes (travail, écrans, etc.) et en instaurant une routine stricte qui respecte votre besoin de repos.

★ L'histoire de Claire :

" Claire souffrait d'insomnies depuis des années. En adoptant une routine du soir et en créant un environnement propice au sommeil, elle a amélioré la qualité de ses nuits. Aujourd'hui, elle dort paisiblement et a retrouvé une énergie nouvelle ".

Conclusion du Chapitre

Le sommeil est bien plus qu'une simple pause dans votre journée ; il est indispensable à votre bien-être physique et mental.

Un sommeil de qualité permet au corps de se régénérer, améliore l'humeur, et soutient de nombreuses fonctions vitales.

Adopter une routine du soir régulière, aménager un environnement propice au sommeil, et intégrer des techniques de relaxation sont des moyens simples mais efficaces d'améliorer la qualité de votre sommeil.

Le manque de sommeil, quant à lui, peut avoir de graves conséquences sur la santé à long terme, affectant votre énergie, votre humeur, et même votre système immunitaire.

Il est essentiel de veiller à récupérer après des périodes de sommeil insuffisant en ajustant progressivement vos habitudes.

En priorisant le sommeil et la récupération, vous favorisez une meilleure santé globale, une productivité accrue et un bien-être durable.

Chapitre 8
Gestion du Stress Physique

L'impact du stress chronique sur le corps.

Le stress est une réaction naturelle du corps face à des défis ou des menaces, mais lorsqu'il devient chronique, il peut avoir des effets néfastes sur notre santé physique et mentale.

Un niveau de stress prolongé provoque une cascade de réactions physiologiques qui, si elles ne sont pas gérées, peuvent conduire à des problèmes graves.

Lorsque vous êtes stressé, votre corps libère des hormones comme le cortisol et l'adrénaline, qui préparent votre corps à réagir rapidement, soit en affrontant le problème, soit en fuyant (réponse de "combat ou fuite").

Bien que cette réponse soit bénéfique à court terme, elle devient problématique lorsque le stress perdure.

Voici quelques-uns des principaux effets du stress chronique sur le corps :

1. Tensions musculaires et douleurs physiques

Le stress chronique conduit souvent à des tensions musculaires, en particulier dans les zones du cou, des épaules, et du dos.

Lorsque vous êtes tendu sur une longue période, vos muscles ne se relâchent pas complètement, ce qui entraîne des douleurs, des raideurs, et parfois même des maux de tête liés à la tension.

Exemple :

Vous pouvez ressentir une rigidité constante dans les épaules ou un mal de dos persistant après plusieurs jours de travail stressant surtout si vous adoptez une mauvaise posture ou si vous êtes assis pendant de longues heures.

2. Perturbation du système immunitaire

Le cortisol, l'hormone du stress, peut affaiblir le système immunitaire lorsqu'il est produit en excès sur une longue période.

Cela rend le corps plus vulnérable aux infections, comme les rhumes et les grippes, et ralentit le processus de guérison après une maladie ou une blessure.

Exemple :

Les personnes qui souffrent de stress chronique tombent souvent malades plus fréquemment et prennent plus de temps à récupérer de maladies mineures.

3. Augmentation de la tension artérielle et problèmes cardiaques

Le stress chronique augmente la tension artérielle, ce qui met une pression supplémentaire sur le cœur et les vaisseaux sanguins.
À long terme, cela peut augmenter le risque de maladies cardiovasculaires, telles que l'hypertension, les crises cardiaques et les accidents vasculaires cérébraux.

Exemple :

Vous pourriez remarquer que votre cœur bat plus vite ou plus fort lorsque vous êtes sous pression, et si cela devient fréquent, cela peut poser des risques pour votre santé cardiaque.

4. Problèmes digestifs

Le stress peut affecter le système digestif, entraînant des problèmes comme des brûlures d'estomac, des indigestions, des crampes abdominales, et même des troubles chroniques comme le syndrome de l'intestin irritable (SII).

Exemple :

Vous pourriez ressentir des nausées ou des douleurs abdominales avant un événement stressant, ou des troubles digestifs constants si vous êtes constamment tendu.

5. Fatigue et troubles du sommeil

Le stress empêche le corps et l'esprit de se détendre, ce qui rend difficile l'endormissement ou entraîne un sommeil de mauvaise qualité.
Cela crée un cercle vicieux, car un manque de sommeil peut aggraver le stress.

Exemple :

Vous pourriez avoir du mal à vous endormir ou vous réveiller plusieurs fois dans la nuit lorsque vous êtes soumis à un stress prolongé, et vous vous sentez épuisé tout au long de la journée.

Techniques pour réduire le stress physique.

La gestion du stress physique est essentielle pour préserver votre bien-être à long terme.
Heureusement, il existe des techniques simples et efficaces pour réduire les effets physiques du stress et rétablir un équilibre dans votre corps.

Voici quelques-unes des méthodes les plus recommandées :

" *étirements, yoga, et exercices de respiration* "

1. Étirements pour libérer les tensions musculaires :

Les étirements sont l'une des façons les plus simples et les plus efficaces de relâcher les tensions accumulées dans les muscles à cause du stress.

Ils améliorent la circulation sanguine, réduisent la raideur, et aident à rétablir la mobilité des muscles et des articulations.

Quelques étirements simples à essayer

- **Étirement du cou et des épaules :**

En position assise ou debout, baissez doucement la tête vers l'épaule droite, en gardant la tête parallèle à votre épaule.

Maintenez la position pendant 20 à 30 secondes, puis changez de côté.

Pour étirer encore plus les épaules, levez les bras au-dessus de la tête et entrelacez vos doigts en poussant vers le haut.

- **Étirement des jambes (*ischio-jambiers*) :**

Asseyez-vous avec les jambes tendues devant vous.

Penchez-vous lentement en avant en essayant d'atteindre vos orteils.

Maintenez la position pendant 20 à 30 secondes.

Cela aide à libérer les tensions dans le bas du dos et les jambes.

- **Étirement de la poitrine :**

Tenez-vous droit et entrelacez vos mains derrière votre dos.

Tirez doucement vos bras vers l'arrière, en ouvrant votre poitrine.

Maintenez la position pendant 20 à 30 secondes.

Cet étirement aide à compenser la posture avachie que l'on adopte souvent sous stress.

Avantages des étirements :

1. Réduction des tensions musculaires.

2. Amélioration de la flexibilité.

3. Diminution des douleurs liées à la posture.

2. Yoga pour un soulagement global du stress

Le yoga combine des postures physiques, des techniques de respiration, et une méditation douce pour apaiser à la fois le corps et l'esprit.

C'est une pratique particulièrement efficace pour gérer le stress, car elle permet de travailler à la fois sur le relâchement des tensions physiques et mentales.

Quelques postures de yoga recommandées pour réduire le stress.

- **La posture de l'enfant** (*Balasana*) :

  Agenouillez-vous et asseyez-vous sur vos talons.
  Étendez vos bras devant vous en abaissant votre torse au sol.
  Cette posture aide à calmer le système nerveux et à étirer le dos.

- **Le chien tête en bas** (*Adho Mukha Svanasana*) :

  Mettez-vous à quatre pattes, puis soulevez vos hanches pour former un "V" inversé.
  Tenez cette position en respirant profondément, ce qui aide à étirer les jambes et le dos tout en stimulant la circulation sanguine.

- **La posture du cadavre** (*Savasana*) :

  Allongez-vous sur le dos, bras et jambes légèrement écartés.
  Fermez les yeux et concentrez-vous sur votre respiration.
  Cette posture est idéale pour se détendre en profondeur après une séance de yoga ou une journée stressante.

Avantages du yoga :

- Réduction du stress et de l'anxiété.

- Amélioration de la flexibilité et de la force.

- Favorise la relaxation profonde et la pleine conscience.

3. Exercices de respiration pour calmer le système nerveux

Les exercices de respiration sont extrêmement efficaces pour réduire instantanément le stress physique.
En ralentissant et en approfondissant votre respiration, vous diminuez la production de cortisol, et vous envoyez un signal à votre corps qu'il peut se détendre.

Techniques de respiration à essayer.

- Respiration diaphragmatique *(respiration abdominale)* :

  Asseyez-vous ou allongez-vous dans une position confortable.
  Placez une main sur votre poitrine et l'autre sur votre abdomen.
  Inspirez lentement par le nez, en laissant votre abdomen se soulever tandis que votre poitrine reste relativement immobile.

Expirez par la bouche, en contractant légèrement
vos muscles abdominaux pour expulser l'air.
Répétez cet exercice pendant 5 à 10 minutes.

- **Respiration alternée (*Nadi Shodhana*) :**

  Couvrez une narine avec votre pouce et inspirez
  profondément par l'autre narine.
  Alternez ensuite, en bloquant l'autre narine pour
  expirer et inspirer.
  Cette respiration équilibre les énergies du corps et
  favorise la relaxation.

- **Respiration 4-7-8 :**

  Respiration profonde [page 82] " *Techniques de
  relaxation pour favoriser l'endormissement* "
  C'est une méthode efficace pour apaiser rapidement
  les nerfs.

Avantages des exercices de respiration :

- Apaisement immédiat du système nerveux.

- Réduction de l'anxiété et du stress.

- Amélioration de la concentration et de la clarté
  mentale.

★ L'histoire de Lucas :

" Lucas était constamment tendu à cause de son travail stressant. En intégrant des exercices de respiration, du yoga et des étirements quotidiens, il a réussi à détendre son corps et à réduire son anxiété ".

Conclusion du Chapitre

Le stress physique peut avoir des effets dévastateurs sur le corps, mais en adoptant des techniques simples et efficaces comme les étirements, le yoga et les exercices de respiration, vous pouvez considérablement réduire son impact.
La gestion du stress physique est cruciale pour maintenir votre bien-être général, prévenir les douleurs chroniques et améliorer votre qualité de vie.

Ces techniques, lorsqu'elles sont pratiquées régulièrement, vous aideront à mieux gérer les tensions quotidiennes, à rétablir l'équilibre de votre corps, et à cultiver un état de calme et de résilience face aux défis de la vie.

Partie 3 :
Santé Holistique et Approches Naturelles

Chapitre 9
L'Ayurvéda : Une Médecine Traditionnelle pour l'Équilibre

Introduction à l'Ayurvéda : une philosophie pour l'équilibre.

L'Ayurvéda, qui signifie "science de la vie" en sanskrit, est une médecine traditionnelle indienne vieille de plus de 5000 ans.

Son approche holistique repose sur l'idée que la santé est le résultat d'un équilibre harmonieux entre le corps, l'esprit et l'âme.

Contrairement à la médecine occidentale moderne, l'Ayurvéda ne traite pas uniquement les symptômes d'une maladie, mais cherche à maintenir et à restaurer l'équilibre naturel du corps pour prévenir les maladies.

Au cœur de l'Ayurvéda se trouve la théorie des doshas, qui représentent les énergies biologiques présentes en chacun de nous.

Ces doshas influencent non seulement notre constitution physique, mais aussi nos émotions, notre digestion et nos réactions au monde extérieur.

L'Ayurvéda s'intéresse également à l'alimentation, qui est considérée comme l'un des moyens les plus puissants de maintenir ou de restaurer l'équilibre, ainsi qu'à la saisonnalité, c'est-à-dire l'adaptation de notre mode de vie aux changements des saisons pour soutenir notre santé tout au long de l'année.

Les principes de base de l'Ayurvéda

1. Les Doshas : *Vata*, *Pitta* et *Kapha*

Selon l'Ayurvéda, chaque individu est né avec une combinaison unique des trois doshas : **Vata, Pitta et Kapha**

Ces doshas représentent des forces énergétiques qui régissent différentes fonctions dans le corps et l'esprit.

- *Vata (air et éther)* :

  Ce dosha est associé au mouvement, au souffle, et à la créativité.

  Il régule tout ce qui est lié au flux dans le corps, comme la circulation sanguine, la respiration, et les impulsions nerveuses.

  Les personnes dominées par Vata ont souvent une constitution mince et agile, mais sont sujettes à l'anxiété, aux troubles du sommeil, et à la sécheresse (peau, cheveux).

- *Pitta (feu et eau) :*

  Pitta est lié à la chaleur, à la digestion, et à la transformation dans le corps.

  Il contrôle le métabolisme, la digestion des aliments, et les processus mentaux comme la concentration et l'intelligence.

  Ceux avec une dominance Pitta ont une constitution moyenne, sont dynamiques et énergiques, mais peuvent souffrir de problèmes inflammatoires, d'irritabilité, et de maux digestifs.

- *Kapha (terre et eau) :*

  Kapha est l'énergie de la stabilité, de la structure et de la cohésion.

  Il régule la lubrification des articulations, la croissance des cellules, et la solidité du corps.

  Les personnes de type Kapha ont souvent une constitution plus robuste et solide, mais elles peuvent être sujettes à la léthargie, au surpoids, et à des problèmes de rétention d'eau.

2. L'Alimentation en Ayurvéda

En Ayurvéda, l'alimentation est au centre de la santé.

L'idée est de nourrir le corps avec des aliments qui soutiennent son équilibre naturel en fonction de son dosha, mais aussi de la saison.

Chaque dosha est sensible à certains types d'aliments, et en consommer trop ou pas assez peut déséquilibrer l'organisme.

- *Alimentation pour Vata* :

  Le dosha Vata a tendance à être sec, léger et froid.
  Les personnes de type Vata doivent privilégier des aliments réchauffants, nourrissants, et humides, comme les soupes, les ragoûts, les céréales cuites, et les graisses saines.
  Évitez les aliments crus, froids, et secs, comme les salades crues et les boissons glacées.

- *Alimentation pour Pitta* :

  Pitta étant lié à la chaleur et au feu digestif, les aliments trop épicés ou acides peuvent aggraver ce dosha.
  Les aliments rafraîchissants et apaisants sont donc recommandés, comme les légumes crus ou cuits à la vapeur, les fruits frais, les légumineuses, et les céréales complètes.
  Il est préférable d'éviter les aliments épicés, frits, et acides, ainsi que la caféine.

- *Alimentation pour Kapha* :

  Les personnes dominées par Kapha, qui ont tendance à la lourdeur et à la stagnation, doivent consommer des aliments légers, épicés, et énergisants.

Les légumes crus, les épices chauffantes comme le gingembre, et les légumineuses sont bénéfiques pour stimuler leur métabolisme.

Ils doivent éviter les aliments gras, sucrés, et lourds, comme les produits laitiers et les aliments frits.

3. Saisonnalité en Ayurvéda

L'Ayurvéda reconnaît que chaque saison a un impact spécifique sur notre corps et notre esprit, et il est essentiel d'ajuster notre alimentation et nos habitudes en fonction des changements climatiques.

Par exemple, en été (saison Pitta), il est recommandé de consommer des aliments rafraîchissants et hydratants, tandis qu'en hiver (saison Kapha), il faut privilégier des aliments réchauffants et énergétiques pour contrebalancer le froid.

Comment déterminer son type de dosha et adapter son mode de vie en conséquence

Déterminer son dosha dominant est la première étape pour comprendre comment adapter son alimentation et son mode de vie en fonction de ses besoins individuels.

Bien que chaque personne possède une combinaison des trois doshas, l'un ou deux d'entre eux dominent généralement.

1. Déterminer son dosha dominant

Voici quelques caractéristiques générales pour aider à identifier votre dosha :

- *Vata* :

  Vous êtes mince, léger, avez tendance à avoir la peau et les cheveux secs, vous vous déplacez rapidement et êtes souvent agité.
  Vous avez des pensées créatives mais êtes parfois sujet à l'anxiété et à des troubles du sommeil.

- *Pitta* :

  Vous avez une constitution moyenne, vous avez chaud facilement et vous êtes souvent concentré et ambitieux.
  Vous pouvez être sujet à des inflammations, des éruptions cutanées ou des problèmes digestifs comme les brûlures d'estomac.

- *Kapha* :

  Vous avez une constitution solide, une peau lisse et un tempérament calme et doux.

Vous avez tendance à prendre du poids facilement et pouvez vous sentir léthargique ou paresseux.

2. Adapter son mode de vie selon son dosha

Une fois que vous avez identifié votre dosha dominant, vous pouvez commencer à ajuster votre mode de vie pour maintenir votre équilibre.

Voici quelques conseils spécifiques à chaque dosha :

- *Pour Vata :*

  Vous devez privilégier un mode de vie stable et structuré pour calmer la nature agitée de Vata.
  Établissez des routines régulières, mangez des repas chauds à heures fixes, et intégrez des pratiques apaisantes comme le yoga doux et la méditation.

- *Pour Pitta :*

  Il est important de modérer l'énergie intense de Pitta.
  Évitez les environnements surchauffés, intégrez des pauses relaxantes dans votre journée, et pratiquez des activités apaisantes comme la natation ou le yoga rafraîchissant.

- *Pour Kapha :*

  Vous devez éviter la stagnation.
  Privilégiez un mode de vie actif avec de l'exercice quotidien, des repas légers, et des activités stimulantes.
  Le mouvement est essentiel pour contrecarrer la tendance à l'inertie.

Recettes ayurvédiques et conseils pour harmoniser son corps.

Voici quelques recettes simples et adaptées à chaque dosha pour harmoniser votre corps et soutenir votre santé.

1. Recette pour Vata : Soupe réchauffante de lentilles et carottes

Ingrédients :

- 1 tasse de lentilles rouges
- 2 carottes coupées en dés
- 1 oignon émincé
- 1 gousse d'ail
- 1 cuillère à soupe d'huile de ghee
- 1 cuillère à café de cumin moulu
- 1 cuillère à café de coriandre
- 1 pincée de curcuma
- 1 litre d'eau

Instructions :

1. Faites chauffer le ghee dans une casserole et ajoutez l'oignon, l'ail, et les épices.

2. Faites revenir jusqu'à ce que l'oignon devienne translucide.

3. Ajoutez les lentilles et les carottes, puis l'eau. Laissez mijoter pendant 20 minutes.

4. Mixez légèrement si vous préférez une texture lisse.

Cette soupe est idéale pour nourrir et réchauffer Vata.

2. Recette pour Pitta : Salade rafraîchissante concombre et avocat

Ingrédients :

- 1 concombre coupé en dés
- 1 avocat mûr
- Quelques feuilles de menthe
- Jus d'un citron
- 1 cuillère à soupe d'huile d'olive
- Sel et poivre au goût

Instructions :

1. Mélangez le concombre, l'avocat et la menthe dans un saladier.

2. Arrosez de jus de citron et d'huile d'olive.
(*Salez et poivrez selon votre goût*).

Cette salade rafraîchissante est idéale pour apaiser l'énergie chauffante de Pitta, notamment en été ou lors des journées chaudes.
Les aliments frais et hydratants aident à maintenir l'équilibre de Pitta.

3. Recette pour Kapha : Curry de légumes épicé

Ingrédients :

• 1 patate douce coupée en dés
• 1 courgette coupée en dés
• 1 poivron rouge coupé en morceaux
• 1 oignon émincé
• 1 cuillère à soupe d'huile de coco
• 1 cuillère à café de gingembre frais râpé
• 1 cuillère à café de cumin moulu
• 1 cuillère à café de coriandre moulu
• 1 pincée de piment (au goût)
• 200 ml de lait de coco léger
• 1 tasse de pois chiches cuits

Instructions :

1. Faites chauffer l'huile de coco dans une casserole.

2. Ajoutez l'oignon, le gingembre, et les épices, et faites revenir jusqu'à ce que l'oignon soit translucide.

3. Ajoutez la patate douce, la courgette et le poivron, et faites revenir pendant quelques minutes.

4. Versez le lait de coco et laissez mijoter jusqu'à ce que les légumes soient tendres.

5. Ajoutez les pois chiches en fin de cuisson et ajustez l'assaisonnement.

Ce curry épicé est parfait pour stimuler le métabolisme de Kapha, grâce à ses ingrédients chauffants et légers. Il aide à contrecarrer la lourdeur typique de ce dosha.

Conseils pour harmoniser son corps selon l'Ayurvéda

Outre l'alimentation, voici quelques conseils supplémentaires pour vivre en harmonie avec votre dosha et maintenir l'équilibre de votre corps et de votre esprit.

1. Pour Vata : Se réchauffer et se stabiliser

• Créez une routine quotidienne stable, avec des repas à heures fixes.

• Pratiquez des exercices doux comme le yoga ou la marche, et évitez les activités trop stimulantes.

• Choisissez des activités relaxantes comme la méditation, des bains chauds, et des massages à l'huile.

2. Pour Pitta : Se rafraîchir et se calmer

• Adoptez des pratiques apaisantes comme la natation, le yoga doux ou la méditation.

• Évitez les environnements trop chauds et les activités compétitives qui peuvent exacerber l'énergie de Pitta.

• Intégrez des pauses régulières dans votre journée pour éviter l'irritabilité et le surmenage.

3. Pour Kapha : Se stimuler et rester actif

• Pratiquez des exercices dynamiques comme la course, la danse ou le yoga actif pour contrer la tendance à l'inertie.

• Intégrez des activités stimulantes et créatives dans votre routine pour rester motivé et actif.

• Évitez les environnements trop humides ou lourds, et consommez des aliments légers et épicés.

★ L'histoire d'Isabelle :

" Découvrant l'Ayurvéda, Isabelle a identifié son dosha dominant et a adapté son alimentation et son mode de vie en conséquence. Elle a rapidement constaté une amélioration de sa digestion, de son humeur et de son énergie globale ".

Conclusion du Chapitre

L'Ayurvéda offre une approche globale pour atteindre l'équilibre et la santé, en tenant compte des particularités uniques de chaque individu.

Comprendre et respecter son type de dosha permet de mieux adapter son alimentation, son mode de vie, et même ses pratiques de bien-être selon ses besoins spécifiques.

En adoptant des recettes simples, riches en nutriments, et en accord avec votre constitution, vous pouvez harmoniser votre corps et prévenir les déséquilibres qui mènent à la maladie.

En intégrant des pratiques ayurvédiques comme l'alimentation adaptée à votre dosha et l'ajustement saisonnier, vous renforcez non seulement votre santé physique, mais aussi votre bien-être mental et émotionnel.

Cette approche holistique vous aide à vous reconnecter à votre corps, à la nature, et à vivre en harmonie avec les cycles de la vie.

Chapitre 10
Les Plantes Médicinales et Remèdes Naturels

Introduction aux plantes médicinales courantes.

Depuis des millénaires, les plantes médicinales ont été utilisées pour traiter diverses affections et maintenir un bien-être optimal.

Ces remèdes naturels offrent une approche douce et efficace pour la prévention et la guérison de nombreux maux.

Contrairement aux médicaments synthétiques, les plantes médicinales travaillent souvent en harmonie avec le corps, apportant des bienfaits sans effets secondaires graves.

Voici quelques plantes médicinales courantes que vous pouvez intégrer facilement dans votre vie quotidienne.

- Curcuma (*Curcuma long*)

  Le curcuma est une épice dorée utilisée depuis des siècles dans la médecine ayurvédique et chinoise.
  Son composé actif, la curcumine, est un puissant anti-inflammatoire et antioxydant.

Bienfaits :

1. Réduction des inflammations chroniques, particulièrement pour les douleurs articulaires (arthrite) et les douleurs musculaires.

2. Soutien du système immunitaire et digestion.

3. Aide à la prévention des maladies chroniques comme les maladies cardiaques et certains cancers.

Utilisation :

Le curcuma peut être ajouté aux currys, soupes, smoothies ou consommé sous forme de thé *(infusion de curcuma et poivre noir, qui améliore son absorption)*.

- **Gingembre (*Zingiber officinale*)**

  Le gingembre est une racine connue pour ses propriétés digestives et anti-inflammatoires.
  Il est largement utilisé pour traiter les nausées, les douleurs, et les troubles digestifs.

Bienfaits :

1. Aide à la digestion et soulage les nausées *(y compris les nausées matinales ou celles dues au mal des transports)*.

2. Réduction des inflammations et soulagement des douleurs articulaires.

3. Amélioration de la circulation sanguine et stimulation du système immunitaire.

Utilisation :

Le gingembre peut être consommé frais *(râpé dans des plats ou des boissons)*, sous forme d'infusion (gingembre frais bouilli dans de l'eau chaude), ou séché et utilisé en poudre.

- <u>Menthe poivrée *(Mentha piperita)*</u>

  La menthe poivrée est une herbe rafraîchissante souvent utilisée pour soulager les troubles digestifs et les maux de tête.
  Elle est également réputée pour ses propriétés calmantes et rafraîchissantes.

Bienfaits :

1. Aide à la digestion en réduisant les ballonnements et les spasmes intestinaux.

2. Soulagement des maux de tête et migraines grâce à son effet rafraîchissant.

3. Apaisement des voies respiratoires, notamment en cas de rhume ou de sinusite.

Utilisation :

La menthe poivrée peut être consommée en infusion ou utilisée sous forme d'huile essentielle *(pour inhalation ou massage)*.

- **Camomille (*Matricaria chamomilla*)**

  La camomille est une plante douce qui est principalement connue pour ses effets calmants. Elle est souvent utilisée pour apaiser le stress, favoriser le sommeil, et soulager les douleurs digestives.

Bienfaits :

1. Favorise le sommeil et la relaxation, idéale en cas d'insomnie légère ou de stress.

2. Soulagement des douleurs digestives, comme les ballonnements et les crampes d'estomac.

3. Propriétés anti-inflammatoires et apaisantes pour la peau (en usage externe, pour traiter les irritations).

Utilisation :

La camomille peut être consommée sous forme d'infusion *(thé à la camomille)* ou appliquée sous forme de compresse sur la peau irritée.

Utilisations pratiques des huiles essentielles et infusions pour le bien-être

Les huiles essentielles et les infusions sont deux moyens populaires d'utiliser les plantes médicinales pour favoriser la guérison et le bien-être au quotidien. Les huiles essentielles concentrent les principes actifs des plantes et peuvent être inhalées, appliquées sur la peau (diluées), ou diffusées pour leurs bienfaits thérapeutiques.

Les infusions, quant à elles, permettent d'extraire les principes actifs des plantes dans l'eau chaude pour une absorption rapide par le corps.

1. Les huiles essentielles

Les huiles essentielles sont extraites des plantes par distillation et sont très concentrées, ce qui signifie qu'elles doivent généralement être diluées dans une huile de base (*comme l'huile de coco ou d'amande*) avant d'être appliquées sur la peau.

Voici quelques huiles essentielles courantes et leurs utilisations pratiques :

- Huile essentielle de lavande :

  Connue pour ses propriétés calmantes, elle est souvent utilisée pour réduire le stress et favoriser le sommeil.

Elle peut être appliquée sur les tempes ou diffusée dans l'air avant de dormir.

- **Huile essentielle d'eucalyptus :**

  Idéale pour dégager les voies respiratoires en cas de rhume ou de congestion.
  Elle peut être diffusée ou inhalée pour ses effets décongestionnants.

- **Huile essentielle de menthe poivrée :**

  Appliquée sur les tempes, elle aide à soulager les maux de tête et les migraines.
  Elle est également utile pour soulager les douleurs musculaires lorsqu'elle est diluée et appliquée localement.

- **Huile essentielle de tea tree** (*arbre à thé*) **:**

  Réputée pour ses propriétés antibactériennes et antifongiques, elle est souvent utilisée pour traiter les problèmes de peau comme l'acné ou les infections mineures.

Utilisations des huiles essentielles :

> ➤ Diffusion :

Ajoutez quelques gouttes d'huile essentielle dans un diffuseur pour parfumer votre maison tout en bénéficiant de leurs propriétés thérapeutiques.

> ➤ Inhalation :

Pour dégager les voies respiratoires, ajoutez quelques gouttes d'huile essentielle dans un bol d'eau chaude, puis inhalez la vapeur pendant quelques minutes.

> ➤ Application topique :

Diluez toujours l'huile essentielle dans une huile végétale avant de l'appliquer sur la peau pour éviter les irritations. Utilisez-la pour les massages ou sur des points spécifiques du corps (*tempes, poignets*).

2. Infusions

Les infusions sont des boissons à base de plantes médicinales qui offrent un moyen agréable et efficace de profiter des bienfaits thérapeutiques des plantes.

Elles sont faciles à préparer et peuvent être consommées tout au long de la journée pour prévenir et traiter divers maux.

- **Infusion de camomille :**

  Idéale pour se détendre le soir et favoriser un sommeil paisible.
  Faites infuser une cuillère à soupe de fleurs séchées dans de l'eau chaude pendant 5 à 10 minutes.

- **Infusion de gingembre :**

  Aide à soulager les nausées et stimule la digestion.
  Râpez un morceau de gingembre frais dans une tasse d'eau chaude et laissez infuser pendant 10 minutes.

- **Infusion de menthe poivrée :**

  Rafraîchissante et apaisante, elle est idéale pour améliorer la digestion et apaiser les douleurs abdominales après un repas copieux.

Conseil pratique :

Consommez 2 à 3 tasses d'infusion par jour en fonction de vos besoins.
Les infusions peuvent également être préparées en grande quantité et consommées tout au long de la journée, chaudes ou froides.

Comment intégrer des remèdes naturels dans son quotidien pour la prévention et la guérison

L'intégration des plantes médicinales et des remèdes naturels dans votre quotidien peut se faire de manière progressive et simple.

Ces remèdes peuvent être utilisés pour prévenir les déséquilibres avant qu'ils ne se transforment en problèmes de santé, ou pour traiter des affections courantes de manière naturelle.

1. Prévention au quotidien

- **Infusions quotidiennes :**

  Intégrez des infusions de plantes dans votre routine pour maintenir un équilibre général.

Par exemple, consommez une infusion de gingembre après les repas pour améliorer la digestion, ou une tisane à la camomille avant le coucher pour apaiser le stress.

- **Diffusion d'huiles essentielles :**

  Utilisez des huiles essentielles comme la lavande ou la bergamote dans un diffuseur pour apaiser votre esprit et améliorer la qualité de votre sommeil.

- **Alimentation à base de plantes :**

  Intégrez des épices comme le curcuma et le gingembre dans vos repas pour bénéficier de leurs propriétés anti inflammatoires et digestives.

2. Guérison et soutien en cas de maladies

- **Huiles essentielles pour soulager les symptômes :**

  En cas de rhume, utilisez l'huile essentielle d'eucalyptus en inhalation pour dégager vos voies respiratoires.
  Si vous ressentez des douleurs musculaires, appliquez de l'huile essentielle de menthe poivrée diluée sur la zone douloureuse.

- **Infusions pour apaiser le système digestif :**

  En cas de troubles digestifs, consommez une infusion de menthe poivrée ou de fenouil pour calmer les spasmes et favoriser la digestion.

- **Cataplasmes ou compresses :**

  Les plantes comme la camomille peuvent également être appliquées sous forme de compresse sur des zones inflammées ou douloureuses.
  Trempez une compresse dans une infusion concentrée de camomille, puis appliquez-la sur la peau pour apaiser les irritations.

★ L'histoire de Paul :

" *Paul cherchait des solutions naturelles pour ses problèmes de digestion. En intégrant des tisanes et des huiles essentielles à sa routine, il a réduit ses inconforts digestifs et s'est senti plus en harmonie avec son corps* ".

Conclusion du Chapitre

Les plantes médicinales et remèdes naturels offrent un moyen doux et efficace de soutenir le bien-être général.
Grâce à une utilisation appropriée et informée, ces solutions naturelles peuvent non seulement aider à prévenir et à soulager divers maux, mais aussi encourager une approche holistique de la santé.

En intégrant ces remèdes dans votre quotidien, vous favorisez un équilibre durable entre corps et esprit, dans le respect de la nature et de ses ressources précieuses.

Chapitre 11
Énergie et Alignement Spirituel

Le lien entre l'énergie, les chakras, et la santé globale.

La notion d'énergie spirituelle est centrale dans de nombreuses traditions de guérison, en particulier dans les systèmes comme l'Ayurvéda et le yoga.

L'énergie vitale qui circule dans le corps est essentielle pour maintenir un équilibre entre la santé physique, mentale et émotionnelle.

Cette énergie est souvent appelée prana en sanskrit, ou chi dans la médecine traditionnelle chinoise.

Selon ces philosophies, lorsqu'il y a une perturbation ou un blocage dans le flux d'énergie, cela peut entraîner des déséquilibres physiques et émotionnels, ainsi que des maladies.

Un des concepts fondamentaux associés à cette énergie vitale est celui des chakras.

Les chakras sont des centres énergétiques situés le long de la colonne vertébrale, chacun associé à une zone spécifique du corps et à des aspects émotionnels, mentaux et spirituels.

En Ayurvéda et dans le yoga, l'équilibre de ces chakras est essentiel pour maintenir une bonne santé globale.

Un chakra déséquilibré peut causer des blocages d'énergie, ce qui peut se manifester sous forme de stress, de fatigue, de déséquilibre émotionnel, ou de problèmes physiques.

Il y a sept chakras principaux dans le corps, chacun associé à une partie différente de notre bien-être

❖ Chakra racine (*Muladhara*) :

❖ Chakra sacré (*Svadhisthana*) :

❖ Chakra du plexus solaire (*Manipura*) :

❖ Chakra du cœur (*Anahata*) :

❖ Chakra de la gorge (*Vishuddha*) :

❖ Chakra du troisième œil (*Ajna*) :

❖ Chakra couronne (*Sahasrara*) :

Le bon fonctionnement des chakras permet à l'énergie de circuler librement à travers le corps.
Un déséquilibre dans un chakra peut perturber ce flux et affecter à la fois la santé physique et mentale.

Techniques pour équilibrer ses chakras : *méditation, cristaux, yoga*

Équilibrer les chakras permet de restaurer le flux harmonieux de l'énergie à travers le corps.

Voici quelques techniques efficaces pour équilibrer et harmoniser vos chakras :

1. Méditation des chakras

La méditation est une pratique puissante pour rééquilibrer les chakras et favoriser la guérison énergétique.
La méditation des chakras consiste à se concentrer sur chaque chakra en visualisant l'énergie circuler librement dans chaque centre.

Comment pratiquer la méditation des chakras ?

> ➤ Trouvez un endroit calme et asseyez-vous dans une position confortable.

> ➤ Fermez les yeux et prenez quelques respirations profondes pour vous détendre.

> ➤ Commencez par visualiser le **Chakra racine**, situé à la base de la colonne vertébrale.
> *Imaginez une lumière* rouge vibrante tourner et s'intensifier, équilibrant ce centre.

> ➤ Continuez à monter le long de votre colonne vertébrale, en passant par chaque chakra :

Sacré : (*orange*)
Plexus solaire : (*jaune*)
Cœur : (*vert*)
Gorge : (*bleu*)
Troisième œil : (*indigo*)
Couronne : (*violet ou blanc*)

➤ Visualisez chaque chakra tournant librement, débloquant toute énergie stagnante.

➤ Terminez en visualisant une lumière blanche se répandre dans tout votre corps.

2. Cristaux pour l'équilibre des chakras

Les cristaux sont souvent utilisés pour rééquilibrer les chakras en raison de leurs propriétés énergétiques uniques.

Chaque chakra correspond à des pierres spécifiques qui peuvent être placées sur le corps lors de la méditation ou portées sous forme de bijoux.

Utilisation des cristaux :

(Voir Chapitre 13 : La Lithothérapie)

1. Choisissez un cristal correspondant à un chakra que vous souhaitez équilibrer.

2. Allongez-vous dans un endroit calme et placez le cristal directement sur le chakra *(sur la peau ou sur vos vêtements)*.

3. Concentrez-vous sur la sensation du cristal et visualisez-le apportant une énergie de guérison à ce chakra.

3. Yoga pour l'équilibre des chakras

Le yoga est une pratique idéale pour aligner les chakras, car il combine le mouvement physique avec la respiration et la méditation, aidant ainsi à libérer les blocages énergétiques.

Chaque posture de yoga peut être associée à un chakra spécifique, renforçant l'énergie dans cette zone.

Postures de yoga associées aux chakras :

❖ Chakra racine :
Posture de la montagne (*Tadasana*), posture de l'arbre **(Vrikshasana)**

Posture de la montagne (Tadasana) :

Tenez-vous debout, pieds joints ou légèrement écartés, bras le long du corps. Ancrez fermement vos pieds dans le sol, sentez la stabilité et l'énergie monter le long de votre colonne vertébrale. Respirez profondément et visualisez une lumière rouge à la base de votre colonne.

Posture de l'arbre (Vrikshasana) :

Tenez-vous debout, transférez votre poids sur une jambe et placez le pied opposé contre l'intérieur de la cuisse ou du mollet. Joignez les mains devant la poitrine ou levez-les au-dessus de la tête. Cette posture améliore l'ancrage et l'équilibre, renforçant ainsi le chakra racine.

❖ **Chakra sacré :**

Posture du papillon **(Baddha Konasana)**, posture du chat/vache **(Marjaryasana/Bitilasana)**

Posture du papillon (Baddha Konasana) :

Asseyez-vous au sol, ramenez la plante des pieds ensemble et laissez les genoux s'ouvrir sur les côtés. Gardez le dos droit et respirez profondément. Cette posture stimule la circulation dans la région pelvienne et favorise l'ouverture du chakra sacré.

Posture du chat/vache (Marjaryasana/Bitilasana) :

Mettez-vous à quatre pattes, inspirez en creusant le dos et en levant la tête (posture de la vache), puis expirez en arrondissant le dos et en rentrant le menton vers la poitrine (posture du chat). Ce mouvement fluide active l'énergie du chakra sacré et améliore la flexibilité de la colonne vertébrale.

❖ **Chakra du plexus solaire :**

Posture de la planche **(Phalak asana)**, posture du bateau **(Navasana)**

Posture de la planche (Phalak Asana) :

Mettez-vous en position de planche, en appui sur les mains et les orteils, en maintenant une ligne droite de la tête aux talons. Engagez les abdominaux et respirez profondément.

Cette posture renforce le centre énergétique du plexus solaire et développe la force intérieure.

Posture du bateau (Navasana) :

Asseyez-vous au sol, pliez les genoux et soulevez les pieds du sol, en étendant les bras vers l'avant. Redressez la colonne et maintenez l'équilibre en engageant les muscles abdominaux. Cette posture active le feu intérieur du plexus solaire et stimule la volonté et la confiance en soi.

❖ Chakra du cœur :

> Posture du chameau **(Ustrasana)**, posture du pont **(Setu Bandhasana)**

Posture du chameau (Ustrasana) :

Mettez-vous à genoux, les mains posées sur le bas du dos. En inspirant, poussez légèrement les hanches vers l'avant et penchez la tête en arrière tout en ouvrant la poitrine. Si vous êtes à l'aise, attrapez vos talons avec vos mains. Cette posture ouvre le chakra du cœur et favorise l'amour et la compassion.

Posture du pont (Setu Bandhasana) :

Allongez-vous sur le dos, pliez les genoux et placez vos pieds à plat au sol, proches des fesses. En inspirant, soulevez les hanches vers le ciel, en gardant les épaules ancrées au sol. Cette posture favorise l'ouverture du cœur et améliore la circulation de l'énergie.

❖ **Chakra de la gorge :**

Posture du poisson **(Matsyasana)**, posture du lion **(Simhasana)**

Posture du poisson (Matsyasana) :

Allongez-vous sur le dos, les jambes tendues ou en tailleur. Placez vos mains sous vos fesses et, en inspirant, soulevez légèrement la poitrine tout en basculant la tête en arrière, en appuyant sur le sommet du crâne. Cette posture ouvre la gorge et stimule la communication.

Posture du lion (Simhasana) :

Mettez-vous à genoux, posez vos mains sur les genoux, inspirez profondément et en expirant, ouvrez grand la bouche en tirant la langue vers l'avant et en produisant un son puissant. Cette posture libère les tensions dans la gorge et favorise l'expression authentique.

❖ **Chakra du troisième œil :**

Posture de l'enfant **(Balasana)**, posture du dauphin **(Ardha Pincha Mayurasana)**

Posture de l'enfant (Balasana) :

Mettez-vous à genoux, asseyez-vous sur vos talons et inclinez le buste vers l'avant en posant le front au sol. Étendez les bras devant vous ou le long du corps.

Cette posture apaise le mental et favorise la clarté intérieure, stimulant ainsi le chakra du troisième œil.

Posture du dauphin (Ardha Pincha Mayurasana) :

Placez-vous en position de planche sur les avant-bras, en gardant les hanches levées et le dos droit. Cette posture renforce la circulation énergétique vers la tête et stimule l'intuition et la concentration.

❖ Chakra couronne :

Posture du cadavre **(Savasana)**, méditation assise **(Sukhasana)**

Posture du cadavre (Savasana) :

Allongez-vous sur le dos, bras légèrement écartés, paumes tournées vers le haut. Relâchez totalement votre corps et laissez votre respiration devenir naturelle. Cette posture favorise une profonde relaxation et ouvre la connexion avec l'univers.

Méditation assise (Sukhasana) :

Asseyez-vous en tailleur, le dos droit, les mains posées sur les genoux en mudra. Fermez les yeux et concentrez-vous sur votre respiration ou un mantra. Cette posture encourage la clarté mentale et l'élévation spirituelle.

Pratiques spirituelles pour nourrir l'âme

Pour cultiver un alignement spirituel durable, il est essentiel de nourrir non seulement le corps et l'esprit, mais aussi l'âme.

Voici des pratiques spirituelles simples et accessibles à intégrer dans votre routine quotidienne pour renforcer votre connexion spirituelle et favoriser la paix intérieure.

1. Journaling (écriture intuitive)

Le journaling est un excellent moyen de se connecter à son soi intérieur et de clarifier ses pensées.
Tenir un journal permet de mettre par écrit ses émotions, ses expériences et ses aspirations.

Il aide à libérer les tensions, à organiser ses pensées, et à créer un espace pour l'introspection.

Conseils pour pratiquer le journaling :

- Prenez quelques minutes chaque jour pour écrire librement, sans vous juger.
  Écrivez sur ce que vous ressentez, sur vos objectifs spirituels, ou sur ce pour quoi vous êtes reconnaissant.

Vous pouvez également suivre des exercices de journaling spécifiques, comme répondre à des questions introspectives.

(ex. : "Quelles sont mes véritables passions ?" ou "De quoi ai-je besoin pour me sentir en paix aujourd'hui ?").

2. Connexion avec la nature

La nature est une source infinie de paix et de guérison. Passer du temps à l'extérieur, que ce soit dans un parc ou en pleine forêt, vous permet de vous ancrer et de ressentir l'énergie universelle qui circule dans tous les êtres vivants.

Comment se connecter à la nature :

- **Pratiquez la marche en pleine conscience**

  Marchez lentement, ressentez le contact de vos pieds avec le sol et observez attentivement votre environnement (plantes, animaux, vent).

- **Méditez à l'extérieur**

  Asseyez-vous dans un endroit calme et concentrez-vous sur les sons naturels, comme le chant des oiseaux ou le bruit des feuilles dans le vent.

- Jardinez ou prenez soin des plantes

  S'occuper des plantes est une belle manière de vous reconnecter à la terre et de cultiver une relation nourrissante avec la nature.

3. Moments de silence et de contemplation

Dans nos vies souvent occupées et bruyantes, trouver des moments de silence est crucial pour apaiser l'esprit et permettre à l'âme de se ressourcer.
Le silence offre un espace pour l'introspection et la pleine conscience, vous aidant à être davantage présent à l'instant et à renforcer votre connexion intérieure.

Comment pratiquer le silence et la contemplation ?

- Moments de silence quotidiens

  Consacrez quelques minutes par jour à simplement vous asseoir en silence, sans distractions.
  Fermez les yeux, détendez-vous et écoutez votre respiration.

Ce moment vous permettra de calmer le mental et de vous recentrer.

- Contemplation consciente

  Choisissez un moment dans la journée où vous contemplez un élément de votre environnement

"un arbre, une fleur, une flamme, ou même une œuvre d'art "
sans jugement ni analyse.

Observez-le simplement dans son essence et laissez-vous immerger dans sa beauté et sa simplicité.

Cette pratique aide à apaiser l'esprit et à développer la pleine conscience.

- Méditation en silence

  Si vous souhaitez approfondir cette pratique, essayez de passer 10 à 20 minutes par jour en méditation silencieuse.

  Vous pouvez vous concentrer sur votre respiration ou simplement laisser passer les pensées sans vous y attacher.

Cette pratique régulière peut vous apporter une clarté mentale et un sentiment de paix intérieure.

★ L'histoire d'Amandine :

" En quête de sens, Amandine s'est initiée à l'alignement des chakras et à l'utilisation des cristaux. Cette pratique a révélé en elle une nouvelle connexion spirituelle et une paix intérieure qu'elle n'avait jamais ressentie auparavant ".

Conclusion du Chapitre

L'énergie spirituelle, l'alignement des chakras, et les pratiques spirituelles sont des outils puissants pour maintenir un équilibre harmonieux entre le corps, l'esprit et l'âme.

En comprenant et en travaillant avec vos chakras à travers des pratiques comme la méditation, l'utilisation de cristaux et le yoga, vous pouvez débloquer l'énergie stagnante et restaurer la circulation fluide de votre énergie vitale.

En complément, les pratiques spirituelles comme le journaling, la connexion avec la nature, et les moments de silence vous aident à nourrir votre âme et à renforcer votre sentiment de paix intérieure et de plénitude.

En intégrant ces pratiques à votre quotidien, vous pourrez non seulement améliorer votre bien-être spirituel, mais aussi votre santé globale, en apportant plus de sérénité et d'équilibre à votre vie.

Chapitre 12
Détoxification et Purification du Corps et de l'Esprit

L'importance de la détoxification pour éliminer les toxines

La détoxification est un processus naturel par lequel le corps élimine les toxines et les déchets accumulés dans les organes, les tissus, et les cellules.

Ces toxines peuvent provenir de plusieurs sources : l'alimentation, l'environnement (*pollution*, *produits chimiques*), les médicaments, et même du stress et des émotions négatives.

Au fil du temps, l'accumulation de ces toxines peut ralentir les fonctions corporelles, provoquer de la fatigue, affaiblir le système immunitaire, et entraîner des déséquilibres hormonaux.

La détox ne concerne pas uniquement le corps physique, mais aussi l'esprit.

Les pensées négatives, les émotions refoulées, et les habitudes de vie stressantes peuvent également "polluer" notre esprit, créant un environnement interne qui favorise l'anxiété, la dépression, et le mal-être général.

Un programme de détoxification vise à soutenir les systèmes naturels d'élimination du corps (*foie*, *reins*, *intestins*, *peau*) tout en aidant à clarifier l'esprit et à libérer les émotions négatives.

C'est une approche holistique pour restaurer l'énergie, améliorer la clarté mentale, et renforcer la santé globale.

Plans de détox doux à base d'aliments naturels et de tisanes

La détoxification du corps ne doit pas être extrême. Il est préférable d'adopter une approche douce et progressive, basée sur des aliments naturels et des tisanes qui soutiennent les organes d'élimination tout en nourrissant le corps.

Voici quelques plans de détox simples qui peuvent être intégrés dans votre routine quotidienne.

1. Alimentation riche en fibres et en nutriments

Les aliments riches en fibres et en nutriments jouent un rôle clé dans la détoxification du corps en soutenant le système digestif et en éliminant les toxines par les intestins.

Aliments à privilégier pour une détox :

- Fruits et légumes frais :

  Les légumes à feuilles vertes comme les épinards, le chou frisé et la roquette sont riches en chlorophylle, qui aide à éliminer les toxines environnementales.

Les fruits comme les baies, les pommes, et les citrons sont riches en antioxydants, qui aident à neutraliser les radicaux libres.

- **Céréales complètes et fibres :**

  Les céréales comme l'avoine, le riz brun et le quinoa sont riches en fibres, qui favorisent la digestion et aident à éliminer les toxines de l'intestin.

- **Protéines végétales :**

  Les légumineuses (*lentilles, pois chiches*) et les graines de chia ou de lin apportent des protéines et des fibres, qui soutiennent le foie dans son rôle de détoxification.

- **Gras sains :**

  L'huile d'olive extra vierge, les noix et les avocats fournissent des graisses saines qui soutiennent la santé cellulaire et favorisent l'absorption des nutriments.

2. Tisanes pour soutenir la détoxification

Les tisanes à base de plantes peuvent accélérer le processus de détoxification en stimulant les reins, le foie et la digestion.

Voici quelques tisanes populaires pour une détox douce et efficace :

- *Tisane de pissenlit :*

  Le pissenlit est un diurétique naturel qui aide à éliminer les toxines à travers les reins.
  Il stimule également la production de bile, aidant le foie à se détoxifier.

- *Tisane de gingembre :*

  Connue pour ses propriétés digestives, la tisane de gingembre améliore la digestion, réduit les ballonnements, et stimule la circulation.

- *Tisane de citron et curcuma :*

  Le citron alcalinise le corps et renforce le foie, tandis que le curcuma aide à réduire l'inflammation et soutient la détoxification hépatique.

- *Tisane de menthe poivrée :*

  Cette tisane rafraîchissante aide à calmer les spasmes intestinaux et à soutenir la digestion, tout en rafraîchissant l'esprit.

3. Exemple de plan de détox doux sur trois jours

➤ Jour 1 :

• Petit-déjeuner :

Smoothie vert (*épinards, banane, pomme, graines de chia, lait d'amande*)

• Déjeuner :

Salade détox (*roquette, avocat, quinoa, graines de tournesol, vinaigrette au citron*)

• Dîner :

Soupe de légumes verts (*courgettes, épinards, brocoli, ail*)

• Tisanes :

Tisane de pissenlit le matin, tisane de menthe poivrée l'après-midi.

➤ Jour 2 :

• Petit-déjeuner :

Bol d'avoine avec des baies et des noix

• Déjeuner :

Soupe de lentilles et légumes

• Dîner :

Poêlée de légumes (*chou-fleur, brocoli, carottes*) avec du riz brun

• Tisanes :

Tisane de gingembre après le déjeuner, tisane de curcuma et citron le soir

➢ Jour 3 :

• Petit-déjeuner :

Jus détox (*carottes, betterave, céleri, pomme*)

• Déjeuner :

Salade d'épinards, pois chiches, avocat et graines de courge

• Dîner :

Poisson grillé avec des légumes cuits à la vapeur

• Tisanes :

Tisane de pissenlit matin et soir.

Pratiques de purification mentale et émotionnelle pour évacuer les pensées négatives

La détoxification ne concerne pas uniquement le corps ; elle inclut également une purification mentale et émotionnelle.

Les pensées et les émotions négatives peuvent s'accumuler avec le temps, créant un état de stress chronique qui affecte notre bien-être global.

Pour purifier l'esprit et retrouver la clarté mentale, il est essentiel de développer des pratiques de détoxification émotionnelle.

1. Méditation de pleine conscience

La méditation est un outil puissant pour calmer l'esprit et évacuer les pensées négatives.
La méditation de pleine conscience consiste à se concentrer sur le moment présent, sans jugement ni attachement aux pensées qui surgissent.

Comment pratiquer la méditation de pleine conscience

- Asseyez-vous confortablement dans un endroit calme.

- Fermez les yeux et concentrez-vous sur votre respiration, en observant chaque inspiration et expiration.

- Lorsque des pensées surgissent, ne les jugez pas. Observez-les simplement puis ramenez doucement votre attention sur votre respiration.

- Pratiquez pendant 5 à 10 minutes chaque jour.

Bienfaits :

La méditation aide à libérer les tensions mentales, à calmer l'esprit agité, et à évacuer le stress accumulé.

2. Journaling pour évacuer les pensées négatives

Le journaling est une méthode thérapeutique pour libérer les pensées et les émotions négatives.
Écrire ses pensées permet de les extérioriser et de prendre du recul sur les événements stressants.

Comment pratiquer le journaling :

- Prenez quelques minutes chaque jour pour écrire librement sur vos émotions, vos frustrations ou vos peurs.
  Ne vous censurez pas.

- Utilisez le journaling comme un espace sécurisé pour identifier et comprendre vos émotions sans jugement.

Bienfaits :

Cette pratique permet de se libérer du poids émotionnel accumulé et de clarifier ses pensées, favorisant ainsi la guérison émotionnelle.

3. Connexions avec la nature pour purifier l'esprit

Passer du temps dans la nature est un moyen puissant de détoxifier l'esprit et de restaurer un sentiment de calme. Les environnements naturels réduisent le stress, restaurent la concentration et apaisent l'âme.

Pratiques de connexion avec la nature :

- *Marche en pleine nature :*

  Prenez l'habitude de marcher en pleine conscience dans un parc, une forêt, ou près de l'eau. Concentrez-vous sur les sons et les odeurs de la nature pour apaiser votre esprit.

- *Jardinage :*

  S'occuper de plantes ou cultiver un jardin aide à canaliser les énergies négatives et à retrouvé un sentiment de sérénité.

Bienfaits :

Le contact avec la nature aide à réduire le stress, à élever l'humeur, et à favoriser une guérison émotionnelle profonde.

★ L'histoire de Nadia :

" Nadia se sentait épuisée physiquement et mentalement. En suivant un plan de détox douce avec des aliments naturels et des pratiques de purification mentale, elle a retrouvé l'énergie et une clarté d'esprit ".

Conclusion du Chapitre

La détoxification est un processus essentiel pour éliminer les toxines physiques et émotionnelles accumulées dans le corps et l'esprit.

En intégrant des pratiques de détoxification douces, basées sur une alimentation saine, des tisanes, et des pratiques de purification mentale comme la méditation et le journaling, vous pouvez améliorer votre santé globale et restaurer un équilibre énergétique.

Une approche holistique de la détoxification permet de libérer le corps des excès de toxines tout en évacuant les pensées et émotions négatives.

Cela conduit à un bien-être physique et mental renouvelé, ainsi qu'à une plus grande clarté spirituelle et émotionnelle.

Adoptez ces pratiques régulièrement pour maintenir un corps et un esprit sains et équilibrés dans votre vie quotidienne.

Chapitre 13 :
La Lithothérapie

L'Énergie des Pierres au Service du Bien-Être

La lithothérapie, ou thérapie par les pierres, est une pratique ancestrale qui repose sur l'utilisation des énergies vibratoires des minéraux pour favoriser l'équilibre physique, mental et spirituel.

Chaque pierre, par sa composition chimique, sa couleur et sa structure cristalline, possède des propriétés uniques qui interagissent avec notre propre énergie.

1. Les Fondements de la Lithothérapie

La lithothérapie repose sur l'idée que les pierres émettent des vibrations capables d'harmoniser nos centres énergétiques, aussi appelés chakras.

En les plaçant sur le corps ou en les portant au quotidien, ces minéraux agissent en douceur pour rééquilibrer nos énergies.

Le chakra racine (rouge) – Situé à la base de la colonne vertébrale, il est lié à l'ancrage et à la sécurité.

Le chakra sacré (orange) – Situé sous le nombril, il est en lien avec la créativité et les émotions.

Le chakra du plexus solaire (jaune) – Situé au-dessus du nombril, il représente la volonté et la confiance en soi.

Le chakra du cœur (vert/rose) – Situé au centre de la poitrine, il est associé à l'amour et à la compassion.

Le chakra de la gorge (bleu) – Situé au niveau de la gorge, il favorise la communication et l'expression.

Le chakra du troisième œil (indigo) – Situé entre les sourcils, il régit l'intuition et la perception spirituelle.

Le chakra couronne (violet) – Situé au sommet du crâne, il est associé à la connexion spirituelle et à la sagesse.

2. Les Pierres Essentielles et Leurs Propriétés

Voici quelques-unes des pierres les plus populaires classées par chakra :

Chakra racine : Jaspe rouge, tourmaline noire, obsidienne, hématite, grenat.

Chakra sacré : Cornaline, pierre de lune, ambre, calcite orange, topaze impériale.

Chakra du plexus solaire : Citrine, œil de tigre, pyrite, calcite jaune, quartz rutile.

Chakra du cœur : Quartz rose, aventurine verte, émeraude, rhodonite, kunzite.

Chakra de la gorge : Aigue-marine, sodalite, turquoise, lapis-lazuli, cyanite bleue.

Chakra du troisième œil : Améthyste, labradorite, fluorite, azurite, obsidienne œil céleste.

Chakra couronne : Cristal de roche, sélénite, améthyste, diamant herkimer, charoïte.

3. Comment Utiliser les Pierres au Quotidien

- **Porter les pierres** : En bijoux (bracelets, pendentifs), elles agissent tout au long de la journée.
- **Méditer avec les pierres** : Placer la pierre sur un chakra spécifique pendant la méditation pour renforcer l'énergie.
- **Placer des pierres dans votre environnement** : Les disposer dans des endroits clés (chambre, bureau) pour harmoniser l'énergie de l'espace.

4. Entretien et Purification des Pierres

Les pierres absorbent des énergies et doivent être régulièrement purifiées pour conserver leur efficacité.

Purification par l'eau : *Passez la pierre sous l'eau courante ou laissez-la tremper dans de l'eau de source (certaines pierres, comme la sélénite, ne supportent pas l'eau).*

Purification par le sel : *Placez la pierre sur un lit de sel marin pendant plusieurs heures (attention, certaines pierres peuvent être altérées par le sel).*

Purification par la fumigation : *Passez la pierre dans la fumée de sauge blanche, de palo santo ou d'encens pour dissiper les énergies négatives.*

Purification par le son : *Utilisez un bol tibétain ou un diapason pour émettre des vibrations qui nettoient la pierre.*

Purification par la terre : *Enterrez la pierre dans la terre pendant plusieurs heures ou jours pour qu'elle se régénère naturellement.*

5. Rechargement des Pierres

Rechargement au soleil : *Exposez la pierre à la lumière du soleil (idéal pour les pierres comme la citrine, le quartz clair et l'œil de tigre).*

Rechargement à la lune : *Déposez la pierre sous la lumière de la pleine lune pour une recharge douce et apaisante (adapté aux pierres comme l'améthyste et le quartz rose).*

Rechargement sur une géode : *Placez la pierre sur une géode d'améthyste ou une druse de cristal de roche pour la recharger naturellement.*

Rechargement par intention : *Tenez la pierre entre vos mains et visualisez une lumière pure l'enveloppant pour restaurer son énergie.*

Précautions et Considérations

La lithothérapie est un outil de bien-être complémentaire. Elle ne remplace pas un traitement médical mais peut accompagner un parcours de santé en douceur. Il est essentiel d'être à l'écoute de ses ressentis et de choisir les pierres qui résonnent le plus avec vous.

★ L'histoire d' Hélène :

" Hélène était submergée par l'anxiété. En découvrant la lithothérapie, elle a commencé à porter des pierres comme l'améthyste et le quartz rose. Ces pierres l'ont aidée à se recentrer, à apaiser ses émotions et à retrouver une stabilité émotionnelle ".

Conclusion du Chapitre

La lithothérapie est une porte ouverte vers une meilleure connaissance de soi et une harmonisation subtile des énergies. En intégrant les pierres dans votre quotidien, vous pouvez créer un espace de sérénité, de protection et de croissance personnelle. Laissez-vous guider par l'intuition et la sagesse des minéraux pour avancer sur votre chemin vers la plénitude.

Merci d'avoir partagé ce chemin

À vous, chers lecteurs, merci d'avoir pris le temps de plonger dans cet ouvrage.

Votre engagement envers votre bien-être, votre croissance personnelle et votre quête d'équilibre est une source d'inspiration.

J' espère de tout cœur que les pages de ce livre vous ont non seulement guidé, mais également touché, éclairé et accompagné sur votre chemin.

Chaque pas que vous avez entrepris, chaque réflexion amorcée, et chaque pratique mise en place témoignent de votre courage et de votre volonté de créer une vie plus alignée et épanouissante.

Sachez que ce voyage, bien qu'il soit parfois exigeant, est l'un des plus précieux que l'on puisse entreprendre.

Si, à travers ces mots et ces idées, j'ai pu contribuer, même modestement, à enrichir votre vie, alors ce livre a accompli son rôle.

Continuez à avancer avec confiance, bienveillance et détermination, en gardant toujours en tête que le véritable équilibre se cultive au fil du temps, avec patience et amour.

Je vous adresse toute ma gratitude pour avoir permis à ces mots de résonner en vous, et je vous souhaite une vie remplie de sérénité, de joie et de plénitude.

Avec toute ma reconnaissance,

Sarik

Réflexions Finales : Vers un Équilibre Durable

Au fil de ce livre, nous avons exploré des approches holistiques pour améliorer votre bien-être à travers le développement personnel, la santé physique, et la connexion spirituelle.

L'idée maîtresse qui ressort est que le bien-être global ne peut être atteint que par l'équilibre entre le corps, l'esprit et l'âme.

Cet équilibre est le fondement d'une vie épanouie et en bonne santé, et il nécessite des ajustements progressifs dans plusieurs aspects de notre quotidien.

Voici les points clés que nous avons abordés :

- *Mindset et attitude positive*

  Cultiver un état d'esprit de croissance et d'optimisme est essentiel pour surmonter les défis et avancer dans la vie.

- *Fixation d'objectifs et développement d'habitudes*

  Fixer des objectifs clairs et adopter des routines quotidiennes cohérentes est fondamental pour créer des changements durables.

- *Exercice physique et nutrition*

  Une alimentation équilibrée et une activité physique régulière nourrissent le corps et le maintiennent en bonne santé, renforçant à la fois l'endurance physique et l'énergie mentale.

- *Sommeil et récupération :*

  Le sommeil est essentiel pour la régénération physique et mentale, tandis que la gestion du stress est primordiale pour éviter le burn-out.

- *Détoxification et purification :*

  Détoxifier son corps et son esprit permet d'éliminer les toxines physiques et mentales, conduisant à une plus grande clarté et un bien être général.

- *Alignement spirituel :*

  Cultiver une connexion avec soi-même et avec le monde spirituel favorise l'équilibre émotionnel et nourrit l'âme.

Prenez des mesures progressives pour changer votre vie.

Le changement ne se produit pas en un jour.
Il est crucial d'adopter une approche progressive et réaliste pour transformer vos habitudes.

Commencez par de petites actions simples que vous pouvez intégrer à votre quotidien, que ce soit la méditation, une meilleure alimentation, ou l'exercice physique régulier.

N'oubliez pas que chaque pas, même petit, est un pas vers un mieux-être durable.

Il est également important de ne pas être trop dur envers soi-même.

Le chemin vers l'équilibre est un processus continu qui demande du temps et de la patience.

Vous rencontrerez des défis, mais chaque défi est une opportunité pour apprendre et grandir.

Derniers mots : l'importance d'un équilibre global

Atteindre un équilibre global, c'est trouver une harmonie entre le corps, l'esprit et l'âme.
Ces trois dimensions de votre être sont interconnectées, et lorsqu'elles fonctionnent ensemble en synergie, elles créent un bien-être durable.
Prendre soin de votre corps avec une bonne alimentation et des exercices physiques, nourrir votre esprit avec des pensées positives et des pratiques de relaxation, et honorer votre âme avec des moments de silence, de réflexion et de connexion spirituelle vous mèneront à une vie plus équilibrée, pleine de sens et de satisfaction.

Il n'y a pas de chemin unique vers le bien-être, mais en appliquant les principes décrits dans ce livre, vous vous rapprocherez chaque jour un peu plus de l'équilibre et de l'harmonie que vous méritez.
Soyez bienveillant avec vous-même, restez déterminé, et rappelez-vous que l'équilibre global est le socle d'une vie pleine de vitalité et de paix intérieure.

Message de Précaution

Les informations contenues dans ce livre, y compris les recettes, l'utilisation des huiles essentielles, des herbes et des pratiques de bien-être, sont fournies à des fins éducatives et de développement personnel. Elles ne remplacent pas un avis médical professionnel, un diagnostic ou un traitement.

Avant d'intégrer des remèdes naturels ou de modifier votre régime alimentaire, veuillez consulter un médecin ou un professionnel de santé, surtout si vous avez des conditions médicales préexistantes, si vous êtes enceinte, si vous allaitez ou si vous prenez des médicaments.

- **Huiles essentielles :**

    Certaines huiles essentielles peuvent provoquer des réactions allergiques ou des irritations cutanées.
    Elles doivent toujours être diluées avant l'application sur la peau.
    Certaines huiles ne sont pas adaptées aux enfants, aux femmes enceintes ou aux personnes souffrant de conditions médicales spécifiques.
    Ne les ingérez jamais sans l'avis d'un professionnel de santé qualifié.

- **Plantes et herbes :**

  Bien que les herbes soient utilisées depuis des siècles pour leurs bienfaits, certaines peuvent interagir avec des médicaments ou provoquer des effets indésirables.

  Il est essentiel de consulter un professionnel de santé avant d'incorporer des herbes médicinales dans votre routine, surtout en cas de pathologies spécifiques.

- **Recettes et régimes détox :**

  Les régimes alimentaires ou détox ne conviennent pas à tout le monde.

  Si vous souffrez de diabète, de troubles de l'alimentation, ou d'autres maladies chroniques, parlez-en à un professionnel de santé avant d'essayer de nouvelles approches alimentaires ou des régimes restrictifs.

Remerciements

Nous tenons à exprimer notre profonde gratitude à toutes les personnes qui ont contribué à la réalisation de ce livre.

À nos amis, collègues et proches qui nous ont soutenus pour ce projet, merci pour votre patience, vos encouragements et votre énergie positive.

Un grand merci également à tous les experts, chercheurs et enseignants dont les travaux nous ont inspirés et guidés.

Enfin, merci à vous, lecteurs, pour votre ouverture d'esprit et votre désir d'améliorer votre vie et votre bien-être global.

Nous espérons que ce livre vous inspirera à poursuivre votre cheminement vers un équilibre durable entre le corps, l'esprit et l'âme.

Journal de Suivi Personnel

" **Note** : *Ce modèle est conçu pour vous aider à suivre vos progrès en développement personnel, santé et bien-être.*
Reproduisez le sur un carnet ou dans un fichier personnel pour suivre vos habitudes de manière régulière ".

Un journal de suivi personnel est un outil essentiel pour maintenir votre motivation.

Page 1 : Suivi Hebdomadaire des Habitudes

Semaine du :   *Objectif Principal :*

HABITUDES	LUNDI	MARDI	MERCREDI	JEUDI	VENDREDI	SAMEDI	DIMANCHE
MÉDITATION (minutes)							
EXERCICE PHYSIQUE							
ALIMENTATION ÉQUILIBRÉE							
SOMMEIL (heures)							
PRATIQUE DE GRATITUDE							
JOURNALING (minutes)							

Réflexion de fin de semaine :

Qu'ai-je accompli cette semaine ?

-

Quels ont été mes défis ?

-

Quels petits changements puis-je faire pour améliorer mes habitudes la semaine prochaine ?

-

Page 2 : Suivi Mensuel de la Santé et du Bien-être

Mois :   Objectif Mensuel :

Santé physique :

1. Mon énergie au quotidien (note de 1 à 10) :

-

2. Progrès dans mon activité physique :

-

3. Mon alimentation (qualité et régularité) :

Santé mentale :

1. Mon niveau de stress (note de 1 à 10) :

   -

2. Pratiques de relaxation utilisées :

   -

3. Mes progrès en méditation :

   -

Bien-être émotionnel et spirituel :

1. Mes émotions dominantes ce mois-ci :

   -

2. Mes progrès en développement personnel (*journalisation, introspection*) :

   -

3. Comment je me connecte à mon moi intérieur :

   -

Page 3 : Objectifs Personnels et Affirmations Positives

Objectif à long terme :

Affirmations positives pour le mois :

"Je prends soin de mon corps et de mon esprit chaque jour."

"Je suis capable de surmonter les défis et de grandir à travers eux."

"Je mérite d'être en bonne santé et d'être heureux."

Récapitulatif des réussites du mois :

-

-

Page 4 : Planification des Prochains Pas

Date :

1. Ce que je veux améliorer ou changer le mois prochain :

   -

2. Petits objectifs pour la semaine prochaine :

   -

3. Récompenses pour avoir atteint mes objectifs :

En tenant ce journal, vous pourrez suivre de près vos habitudes, observer vos progrès, et rester motivé tout au long de votre parcours. Ce processus d'auto-observation vous permettra non seulement de vous améliorer, mais aussi de célébrer vos succès, même les plus petits.

Souvenez-vous que chaque progrès, aussi petit soit-il, vous rapproche de l'équilibre global que vous souhaitez atteindre.

Table des matières

© 2025 Sarik

Édition : BoD · Books on Demand, 31 avenue Saint-Rémy,
57600 Forbach, bod@bod.fr

Impression : Libri Plureos GmbH, Friedensallee 273,
22763 Hamburg (Allemagne)

ISBN : 978-2-3225-5317-4

Dépôt légal : Décembre 2024